U0008304

買美股，穩穩賺

高通膨、高利率時代也有**10倍股**！
美國教授在地詳細情報，抓住未來十年股市大勢

시 오는 기회, 미국 주식이 답이다:미국 로스쿨 교수가 20
년간 미국 주식시장을 관찰하며 깨달은 '10년 후'시장

李朱澤（이주택）◎著

賴姵瑜◎譯

高寶書版集團

通貨膨脹、高匯率、高利率時代

八月中旬，我的書差不多完稿。藍天上飄著白雲，雖然（看起來）是美好夏日，但在紐約曼哈頓郊外的小城特納夫萊 Tenafly，一絲風都沒有的暑熱依然持續著。八月中旬，此時炎熱理應消退，但比起位處北方、距離四小時車程的波士頓，這裡的暑熱似乎持續更久。

2018 年我離開居住了七年的波士頓，在哈德遜河近處定居生活，迄今已有四年。曼哈頓揉合世界豐富的文化，而韓國文化占有一席之地的紐約和紐澤西，都是非常適合韓國人居住的地方。如果波士

頓讓人想起歷史悠久的歐洲城市，特納夫萊則是成長快速的忙碌之地。這裡的生活步調匆忙、競爭激烈，看起來令人有點暈頭轉向，我仍在適應中。

　　由於新冠肺炎疫情，內人與六歲女兒前往韓國已逾三年。幸好，今年（2022 年）上半年是休假研究年，我得以在韓國長期停留，一起共度時光。韓國的發展比想像中快速，清溪川、益善洞、北村、皇理團路、度假村、豪華露營、露營拖車等，能與家人共同體驗的享樂比從前明顯增多。

　　按照韓國年齡算法，我目前四十九歲，也就是年屆半百。若在遙遠的未來回顧現在，說不定會覺得這是人生的黃金時期。坐在凌亂的客廳桌前，望著青綠蓊鬱的庭院，回顧我過去二十年來的美國移民生活與投資者人生。在寫書過程中，我的腦中一直浮現曾經歷的事、安身的各處、遇見的人，千思萬緒湧上心頭，有時不得不停下筆來。縱使是模糊的記憶，印象中美麗又幸福，想到再也無法重返，浪漫之餘，時常也感到遺憾。

　　本書第二章是揮別過去，進入現在的故事。從過去兩年間經歷的疫情展開，內容包括將家人送至韓國，在生死交關之際經營 YouTube 頻道《半教授TV》，如交代「遺言」般向女兒談人生、談投資的彼時記憶。此外，我也試圖以客觀的眼光，刻畫在通貨膨脹、高匯率、高利率、政府緊縮政策展開的當下，究竟什麼是最適合的投資。

　　最後一章中，我嘗試指出即將屆臨的未來。人生非常微妙複雜，前方如在霧裡看花，寸步都難以預測。就像羅伯特・佛羅斯特 Robert Frost 的詩〈未行之路〉The Road Not Taken 一樣，特別是走在他人不走的路徑上時，實在不知道那條路會引領自己走向何方。但我認為，如果經過深思熟慮，抱持明確目標，選擇一條路走，制定計畫，積極忍耐與前進，在所選之路上，將可取得幸福成果，不會大幅走偏或失敗。以幸福生活為目標，追隨光明的話，人生定然會化為無悔的美好。

　　為了投資，最近我正在研究「人工智慧與法

律」，預測相關的未來，企圖呈現什麼類型的產業與哪些企業將主導未來。雖然是不確定的未來，但技術日新月異，社會也在迅速變化。鉅變世界裡，企業也力求不斷成長，在競爭中生存下來。我努力想要告訴讀者，能夠在這樣的環境下順利生存且持續成長、能夠憑著上漲的股價和股息股息為投資者帶來成功結果的企業在哪裡，分享相關的主客觀分析。盼望透過本書，將有更多人關注美國社會，投資美國公司，從而實現經濟獨立、幸福退休。

【目次】

第一章
過去：股票入門記

【目次】

有效閱讀本書的方法

　　本書由過去、現在和未來構成。股票與人生頗為相似，如同我在美國的人生持續成長，發展至今，而且夢想著往後的未來一樣；生活中遇過的許多公司也一起成長，達到華麗的現在並準備前往未來。而且，就像我們的下一世代為未來做準備一樣，新的公司登場後，也會以未來的主導股之姿逐漸邁出成長的步伐。

　　自 2002 年迄今，我在美國以移民者的身分定居下來，過去遇過的眾多企業、往後會見到的企業，我都寫在自己的「過去、現在、未來」人生時間裡。

書中除了大略介紹個人喜愛的公司，也提供了財務報表上的基本銷售、利潤、增長、價值等資訊。投資之前研讀這些項目是有實效的。

具體來說，第一章過去篇呈現了自 2002 年 29 歲開始移民美國，我在生活中歷經考驗、成長與定居的過程。裡頭我介紹了遇過的許多美國公司、我的投資故事。我想說明這些在日常生活中遇見的公司為何具有投資價值，為何依然以價值股 Value Stock 之姿發揮力量至今。此外，我也盡力描繪出從 2002 年到 2020 年新冠肺炎疫情之前的投資情況等。對於如同班傑明・葛拉漢 Benjamin Graham 相信現代資本主義效率市場 Efficient Market 的人來說，過去的數據與政策情況對於現在可能沒有太大的意義。但是，適當調整投資組合，將風險最小化的因應方式是值得借鑑的。

遵循現代投資組合理論 Modern Portfolio Theory 的我，會在債券和房地產等安全資產和風險資產之間

調整風險係數 Beta 值[1]，策略性地分配資產。在處理風險資產的共同基金中，也會在較安全的價值股和具風險的成長股之間、海外股票和美國股票之間，適當調整風險，進行分期式投資。當然，我也受益於 401K 和 403D[2] 之類的稅金優惠型退休資產福利。此外，在通貨緊縮或美中矛盾等系統風險存在的情況下，我會戰術性透過類股輪動，提高安全資產的比重來因應。

　　第二章現在篇中，我試圖呈現 2020 年疫情以後產生變化的生活、美國金融、經濟情況、股市等。過去兩年間，股票、債券、外匯、期貨、原料市場等受到疫情的影響，正在經歷急劇變化，通貨膨脹、高利率、高匯率（史無前例的美元價值）為家計與經濟帶來巨大危機。在這個時期，我如何投資

1　是一種評估系統性風險性的工具。利用 Beta 值來衡量單一標的或者投資組合，對比大盤的波動關係。若把市場表現當作 1，Beta 值大於 1 的標的會比市場表現好時更亮眼、市場表現差時更疲軟；Beta 值小於 1 時則相反。

2　401K 與 403D 皆為美國人民的退休福利計畫。

與因應、關注哪些公司，以及應如何做適當的投資組合，我也想分享個人淺見。

　　最後，第三章未來篇中，針對我認為的往後的未來，做了相關討論。我想告訴讀者，2015 年在波士頓見到的未來技術，現在發展到什麼程度，這些技術何時才能在商場立足。我會介紹自己專研的第四次工業革命與人工智慧在未來有何面貌，其中備受矚目、具成長性的產業領域和企業在哪裡。縱使生活在通貨膨脹和緊縮時代，今日投資者的投資組合中不僅要包含防禦性價值股，也要納入一些富有潛力的成長股，才能期待十年後得以更加從容退休。儘管這些企業目前沒有收益，但五年內會取得收益，並且持續成長，十年後成為十倍股 Ten bag-ger，也就是能夠敲出十壘安打的股票 3。

3　譯註：華爾街借用棒球術語，形容讓投資增值 10 倍的股票為十壘安打，10 倍股也是投資大師彼得・林區（Peter Lynch）的重要選股策略。

第一章

過去：股票入門記

1998 至 2002 年在韓國的經濟狀況

1998 年,我升上大四那年冬天,先前爆發的國際貨幣基金組織事件 IMF,引來韓國破產危機 [4],當時父親格外怨嘆生意艱困(當然,父親不曾說生意好過)。不問世事的我,鎮日坐在高麗大學科學圖書館裡準備外交考試。有一天,我與一起研讀外交考科

---

4 譯註:1997 年亞洲爆發金融風暴,由於匯率的大幅波動,造成出口成本大幅提升,企業接連倒閉,股市崩盤,外匯存底直落,1997 年 12 月 3 日韓國宣布破產,外匯舉債 304 億美元,不得已向 IMF 申請緊急救助貸款,同時也喪失經濟主導權,被韓國人視為國恥。後來歷經韓國獻金運動,全國在極短時間內戮力還債,終於提前結清 IMF 債務,2001 年 8 月 23 日,IMF 正式從韓國退場。

的學長們在休息室聊天。一名學長向我炫耀說：「你買不起 SK 電信的股票吧？」那瞬間「買不起」這句話刺中我的自尊心。記得當時 SK 電信一股 10 萬韓元[5]左右，而當時交易單位基本是10股。手頭拿不出 100 萬韓元的我，內心受到刺激。此外，為了準備考試，我在學校與補習班拚命研習個體、總體經濟學等，覺得試試看買股票也不錯。

　　IMF 事件爆發後，股市大幅下跌，韓國綜合股價指數 KOSPI 被壓到 300 點左右。我正好當時兼了很多家教，收入高達 200 萬韓元左右。我結束之前愛炫耀放蕩的生活，想省下錢開始買股票。

　　當時去上家教，常常路經狎鷗亭洞，所以就去新韓銀行支行開立帳戶。那時沒有現今的線上交易系統或行動交易系統，人們聚集擠在交易所裡，盯著股票電視牆，努力在紙上寫下買入、賣出，然後在窗口進行股票交易。雖然感覺像是來到賽馬場或

5　譯註：近 20 年的台幣兌韓元（TWD ／ KRW）匯率在 28 至 45 之間浮動。

賭場，但本來就是這樣子。

　　一名看起來像處長層級的年長行員走近，問我來辦什麼事。沒多想，我回答要買股票投資。他立刻詢問金額多少，我回答：「30 萬韓元。」之前，因為想騎摩托車，還跑到首爾中區退溪路買了一台 70 萬韓元的 125cc 曉星牌 Hyosung 巡航款 Cruise 摩托車，所以手頭現金不多。於是，那位「處長」可能瞧不起我吧，沒再多問，直接告訴我去那邊的窗口開戶，再買股票就可以了。雖然感覺被藐視，但我也不管，就走向窗口，交錢開戶。

　　然後，我以每股 1 千韓元左右的價格買入新韓證券股票。現在想起來，那價格真是跌得很低。我記得，當時現代證券和三星證券的價格也在 2 千至 3 千韓元左右。我買入新韓證券的理由是類似笛卡兒的概念：「我思故我在。」當時正值外匯危機，我的想法是：「即使所有公司都倒閉，我開戶的這家證券公司應該是最後倒閉的吧。」而且我認為，股市重新復甦的話，最先上漲的就是證券股。後來，

KOSPI 指數從 300 點升至 900 點時，該支股票漲到 3 萬韓元左右，我賺了一大筆。

不過，後來買的商業銀行股票，除了便宜 500 韓元的理由之外，我是毫無根據亂買的，結果商業銀行「減資」，股價腰斬，曾是第二綜合金融公司的大韓投資信託破產後，我的股票也和公司一起消失。IMF 時期，投資風險真的很大。許多公司倒閉或被其他公司收購。此外，當時我也以 3 萬韓元左右（50 比 1 分割前）的價格購入唯一認識的一家公司三星電子，但一至兩年間幾乎沒有上漲。

回顧過去，當時我完全不知道公司的財務報表如何、收益何種程度、開發什麼樣的產品、現金流如何，純粹只是投機性的投資。後來，自電腦網路可以進行交易起，我每天做數十次短線買賣。當時徒有經濟學知識，沒有任何學習股票的對象，只能仰賴新聞或偷偷打探股票明牌的資訊，一言概之，那是「打赤膊上陣」的時期。

不知不覺間時光流逝，我進入研究所，雖然轉

換跑道，但還是繼續買股票。2000 年初期，韓國科斯達克（KOSDAQ）[6] 掀起熱潮，我也跟著搶進。當時買的是大洋 E&C 的股票，我從高中開始到準備外交考試為止，使用相當長一段時間的腦波儀 MC Square 正是由大洋 E&C 製造。當時股價大漲 3 倍左右，我很開心。但這份喜悅並沒有持續多久。

2000 年後期，為了撰寫碩士論文，我不再盯著股票，放任不理六個月左右。人們將這段時期稱為「網路泡沫」Dot-com bubble。當時，沒有人知道網路泡沫是什麼。自 1995 年起，網路開始發展，微軟 Microsoft 的 Windows 作業系統問世，網站與 Daum[7] 之類的搜尋引擎大受歡迎。Cyworld[8] 等社群媒體企業也頗具人氣。甚至連收益不多的技術企業，也連續數週漲停板。

然而，就在我準備論文而把股票撇在一旁之

6　譯註：科斯達克（KOSDAQ）成立於 1996 年 7 月，是韓國的創業板市場（Second Board Market），隸屬於韓國交易所。

7　譯註：Daum 是韓國最大的入口網站之一。

8　譯註：Cyworld 是韓國最大的線上虛擬社區。

際，網路泡沫破裂。我曾經持有、收益豐碩的科斯達克股票，股價全都下跌一半以上。三星電子和浦項鋼鐵的股票算好，還能撈回本金。2001 年 9 月 11 日，又發生 911 世界貿易中心恐怖攻擊事件。最後，2002 年來美國留學時，我賣掉所有的股票。但後來，三星電子的股價上漲 100 倍以上，我在窮苦的留學生活裡，一直後悔不已。

2002 年，美國留學時期

　　我進入美國佛羅里達州的一所法學院念書。
邁出夢想著成為美國國際律師的第一步，內心非常
激動。2002 年，能夠盡情歡度當年韓日主辦的世
界盃足球賽，又可以在年紀輕輕的 29 歲朝往新的
夢想邁進，我感到十分幸福。很高興得以再次把握
成長的機會，也很感謝父母在家境不寬裕下依然支
持我的美國夢。離開煩悶的首爾都市叢林，前往天
氣和煦、沒有高樓大廈、天空看起來大大的佛羅里
達州，真是太棒了。在自由自在、充滿異國風情的
嶄新城市生活，剛開始真的很幸福。事實上，在韓

國準備外交考試和碩士學位時，生活上自有辛苦之
處，而美國法學院是更大的挑戰。不過，我並不討
厭當時的生活。

　　認識新的美國朋友、騎腳踏車穿梭廣闊校園
時的舒暢感、在學習小組中培養出英語實力的充實
感、一放假就與韓國留學生好友去玩的海邊……我
喜歡這一切新事物。在美國，大學橄欖球擁有超人
氣，母校佛羅里達州立大學的橄欖球隊曾經獲得多
次全國冠軍，所以每到秋天就可以免費觀看橄欖球
比賽，還有所謂的「車尾派對」^{Tailgate}，在球賽場
四周近處開心烤肉、吃漢堡、喝啤酒，這時也很幸
福。偶爾，還可以前往奧蘭多迪士尼世界、海灘文
化發達的邁阿密、直到美國最南端基韋斯特島的駕
遊公路、亞特蘭大的韓國城。我也很享受在放假
時，到只需 11 美元的學校高爾夫球場走上一整天。
學校所在的佛羅里達州首府塔拉哈西，外圍有水深
達約 61 公尺的瓦庫拉泉，瓦庫拉河就是發源於此。
這裡也以《泰山》系列電影的拍攝地聞名，我還經

常跑去游泳。

　　然而，原本 1 美元兌 800 韓元左右的匯率，由於 IMF 事件飆升至 1 美元兌 1,900 韓元，後來維持在 1,300 韓元左右。高匯率直接衝擊到包括我在內的眾多留學生，使留學生活愈來愈疲憊。韓國每個月會寄來 100 萬韓元左右，在繳納房租、電費、保險費等必要費用之後，剩下不到 200 美元。再扣掉加油錢，只能省吃儉用。

　　其中，還有為了省錢而放棄自己車體保險，結果卻是汽車事故發生之後，不得不賠掉車子。最後到了 2005 年，只能開不到 1,000 美元的 1989 年款豐田 ^Toyota Camry。一開始，原本我開的是 1998 年款現代 ^Hyundai Sonata，由於事故頻頻，逐漸將車款降為 1995 年款 Sonata、1992 年款福斯 ^Volkswagen Jetta 等。現在依然如此，但在一般民眾開乘的汽車中，美國最受歡迎的是豐田和本田 ^Honda 出廠不到 5 年的車款。那時候，這些車款價格超過 5,000 美元，我連想都不敢想。開本田中型車 Accord 出入的美國

朋友，感覺很有錢的樣子，駕駛本田 Civic 新型車的留學生，似乎也過得不錯。至於開乘凌志 ^{Lexus} 的語言課程學生，看起來根本像另一個世界的人。還記得 2005 年法學院畢業典禮時，父母親順勢來到美國，見我日子過得苦哈哈，遂以 3,000 美元的價格買給我一台 2000 年款現代 Accent，後來因為沒錢，連那台車也賣了，開的則是認識的學長以 1,500 美元的低價轉手賣給我的 1995 年款豐田 Corolla。不過，1989 年款豐田 Camry 和 1995 年款 Corolla 倒是沒什麼小故障，一直開得很好。

焦點　美國情報

美國二手車

後來，進入職場後想到，比起便宜的二手車，有原廠保固、無小故障的新車，或是經銷商（正式賣場）銷售、出廠 2 年左右的認證中古車，對於積攢種子資金 ^{Seed money} 似乎更有

助益。在美國，人工成本昂貴，車子的修理費很可觀，所以像我的情況，頻頻發生小故障的車子會成為貧窮進一步惡化的因素。在Cars.com 或 Edmunds.com 等網站上，可以找到優良二手車的資訊，查看凱利藍皮書（Kelly Blue Book；KBB），也能知道合理的價格。股票上市的二手車專門公司車美仕（Carmax），看起來最適合交易二手車。在Carfax 之類的網站，輸入車身號碼（Vehicle Identification Number；VIN），就可以看到事故等車輛相關的歷史。眾所周知，美國二手車經銷商原本就擅長說謊，而且會好幾個小時纏著人不放，他們的討價還價功力也很有名。請務必事先打聽清楚，價格也要好好談。

　　就這樣，留學生活一直都很窮困。因為太窮，所以很辛苦。有時開車開到一半，還向神問道：「祢為什麼拋棄我？」儘管如此，我還是不能放棄，要撐住才行。「我是如何開始的……」如果空手回韓國，實在沒有臉見父母。儘管如此，大概是因為當時還年輕，年輕就是希望。在美國，貧窮的話，能夠縮減的只有吃的食物和汽油。儘量減少想做的事，只購買必需品，最大限度克制外出。美國的飲食價格比韓國貴。衣服之類的財貨有很多折扣賣場，也有很多二手貨能夠便宜買到，但食物沒辦法便宜買，所以只能少吃。

　　在美國，沃爾瑪 ^Walmart 包括食物在內的一切生活必需品都是便宜販售，窮留學生沒有它的話，大概很難生活。無論走到哪裡，沃爾瑪總是人滿為患、大排長龍。沃爾瑪裡的超市部門有販售食物，雖然不期待有機農產和新鮮食品，但可以便宜買到一般的普通飲食和加工品。幸好韓國的農心也進駐這裡，所以在韓國超市極少的鄉下，也可以便宜買

到碗麵、泡麵和蝦條。這裡也販售腳踏車等運動休閒用品、衛生紙或清掃工具等生活用品、桌椅、學習用品、電腦、電視、相機、玩具，甚至觀賞用魚……是應有盡有的綜合賣場。只要把它聯想成韓國的大型超市易買得 Emart 或 Homeplus 就能理解。感恩節次日的黑色星期五是大規模特別折扣的日子。許多美國學生，包括留學生在內，都可以在當天便宜買到筆記型電腦和電子產品之類的高價商品。美國夜間營業的地方不多，無處可去時，所以晚上約會也常去 24 小時營業的沃爾瑪。

焦點　美國企業

沃爾瑪（Walmart）

美股交易代號：WMT（NYSE）[9]

沃爾瑪擁有 10,500 個賣場，總部設址於

9　譯註：美國主要的證券交易所有紐約證券交易所（New York Stock Exchange；NYSE）和那斯達克交易所（The NASDAQ Stock Market；NASDAQ）。

亞利桑那州本頓維爾，是美國一般城市皆有
進駐的必需消費品公司。沃爾瑪販售美國中
產階層和低收入階層必需的基本物品，所以沃
爾瑪生意不佳的話，等於呈現出美國中產階層
和低收入階層存在嚴重的停滯狀態。梅西百
貨 Macy's 或諾德斯特龍 Nordstrom 等百貨商店生
意不好，可能就是經濟不景氣的緣故，但如果
沃爾瑪生意不佳，可以視為美國經濟出現嚴重
蕭條。經濟不景氣的話，中產階層仍會為了省
錢而使用沃爾瑪，若是這樣的沃爾瑪也生意不
佳，問題確實很嚴重。

　　沃爾瑪在美國、加拿大、墨西哥、中美
洲、中國、智利等全世界規模營運零售、批
發、電子商務。沃爾瑪分成沃爾瑪美國、沃爾
瑪國際、山姆會員商店 Sam's Club 等三個領域
經營。沃爾瑪美國包含沃爾瑪網站（Walmart.
com）和沃爾瑪社區門市品牌（Walmart

Neighborhood Market Brands）。民生必需消費品的競爭企業有目標百貨 Target、美元樹 Dollar Tree 等。美元樹的東西很便宜，許多貧窮階層住在周邊。而極度貧窮階層經常會去大部分商品賣不到 1 美元的美元店 Dollar Shop。相較之下，目標百貨的價格更高一點，而亞馬遜持有的全食超市 Whole Foods Market 等新鮮食品公司，價格還更貴。

截至 2022 年 8 月，沃爾瑪是年銷售額 5,760 億美元、淨收益（Net income）129.97 億美元的大型公司。總資產（Assets）達 2,461 億美元。截至 2022 年 8 月，本益比（PER）為 21.82，略高於同業平均值 21.13，銷售成長率為 2.34%，低於同業平均值 10.78%。毛利率為 24.90%，低於同業平均值 32.19%，但營業現金流為 175.6 億美元，

> 遠高於同業平均值 3.49 億美元。每季支付的
> 股息率為 1.69%。

　　黑色星期五時，另一個人氣暢旺的地方是百思買 Bestbuy。人們平時喜歡去沃爾瑪，但電視、電腦、洗衣機、冰箱等產品，通常想在品質更佳、數量更多的百思買便宜入手。近來，百思買從感恩節星期四（美國感恩節是 11 月第四週的星期四）晚上就開門，黑色星期五一詞變得平淡無奇，但在當時，確實是星期五凌晨 5 點開門，所以稱之為黑色星期五。在美國，若要購買優質電腦、手機、電視等電子產品，最值得推薦的地方是百思買。雖然目標百貨和沃爾瑪等商場也販售這類產品，但很多人認為不夠專業。冰箱、烤箱等廚房家電，在西爾斯百貨 Sears、家得寶 Home Depot、勞氏公司 Lowe's 等大型五金量販店也有賣，但我個人更偏好百思買，認為它在保固、折扣幅度或售後服務方面更佳。

焦點｜美國企業

百思買（Bestbuy）

美股交易代號：BBY（NYSE）

　　百思買是在美國與加拿大販售技術產品的零售企業。它賣桌上型電腦、筆記型電腦及其周邊設備等電腦產品，這裡也可以購買或開通手機。百思買也販售路由器、平板電腦、智慧型手錶、照相機、健康輔具、家庭劇院、耳機、喇叭、洗碗機、洗衣機、吹風機、烤箱、冰箱、攪拌機、咖啡機、吸塵器、無人機、遊戲機、各種軟體和 DVD 等。「極客小隊」Geek Squad 是協助修理保固期內故障產品的部門，而且提供諮詢、線上銷售、宅配、安裝、會員資格、信用卡等各式各樣的服務。

　　創立於 1966 年的百思買，總部位在明尼蘇達州里奇菲爾德，截至 2022 年 8 月，旗下有 1,144 家賣場。

目前，百思買正受到亞馬遜等電子商務企業的威脅。毛利率為 22.21％，雖然低於同業平均值 36.67％，但總資金報酬率（Return on Total Capital；ROTC）為 23.15％，高於同業平均值 7.13％。預計每股盈餘（EPS）在 2023 年為 6.07 美元，2024 年為 7.23 美元，2025 年為 8.28 美元，2026 年為 10.79 美元，2027 年為 12.51 美元。截至 2022 年 8 月，本益比為 8.58，未來預測為 13.23 左右。隨著 2022 年新冠肺炎疫情的結束，銷售額減少，通貨膨脹與供給問題產生，2023 年為業績指引（Guidance）下修的狀態。截至 2022 年，銷售額為 517 億美元左右，淨收益為 24.5 億美元的水準。按季支付的股息率為年息 4.38％。

　　黑色星期五一定會提及的地方還有傑西潘尼百貨 ^{JCPenney} 和梅西百貨。傑西潘尼百貨以 10 美元左右便宜出售鬆餅機或咖啡壺等，梅西百貨則以低價出售吸塵器、寢具、毛巾等。後來，由於 2020 年新冠肺炎疫情，銷售額驟減，傑西潘尼百貨申請破產，不過，梅西百貨在進軍線上網路，使銷售多元化之下，順利挺了過來。我們夫婦至今還經常去梅西百貨採購鍋碗瓢盆、廚具、寢具、包包、化妝品等。

焦點 ｜ 美國企業

梅西百貨（Macy's）

美股交易代號：M（NYSE）

　　梅西百貨是分類屬於非必需消費品的百貨商店品牌，透過實體商店、網站、行動 APP 等管道銷售各式各樣的商品。梅西百貨旗下有梅西百貨、布魯明黛 ^{Bloomingdale's}、Bluemercury 等三個品牌，販售男性、女性、幼兒、兒童用服飾、化妝品、家庭用家具等消

費者產品。百貨商店方面的競爭者有柯爾百貨 Kohl's、伯靈頓商店 Burlington Stores、迪拉德百貨 Dillard's 等。同集團的高檔百貨商店布魯明黛，競爭企業則有薩克斯第五大道 SAKS Fifth Avenue、諾德斯特龍、尼曼百貨 Neiman Marcus 等。

梅西百貨創立於 1830 年，是歷史悠久的百貨商店，總部設在紐約曼哈頓 34 號街，截至 2022 年 1 月，旗下有 725 間賣場。雖然由於新冠肺炎疫情，2021 年的銷售額暫時有些跌宕，但 2022 年顯示恢復到往年水準，銷售額達 251 億美元，淨收益為 16 億美元。預計 2022 年每股盈餘為 5.38 美元，2023 年為 4.58 美元，2024 年為 4.37 美元，2025 年減至 4.03 美元。股息率為年息 2.98%，在 1 月、4 月、7 月、11 月按季支付。本益比為 3.49，低於同業平均值 12.34，2022 年銷售成長率預計為 31.05%，而且預估未來每年增長 12.28%。毛利率為 41.8%。

　　2006 年以後，從韓國寄來的錢幾乎中斷，我只能找室友分攤租金，輾轉於家家戶戶，生活得戰戰兢兢。曾有數個月寄宿在學長居住的學校公寓，每月只付 150 美元。儘管如此，佛羅里達州的房租還是比波士頓或紐約便宜很多。以 2006 年當時來看，學校公寓一房的月租為 340 美元，兩房的月租為 500 美元左右，普通公寓一房也是月租 500 美元左右就能租到。稍微高級一點的公寓，則是一房月租 900 美元，兩房月租 1,200 美元左右，仍屬便宜。有的留學生聰明買房，即使在房屋供給不足的佛羅里達行政首府塔拉哈西，只要 20 萬美元左右，就能買到三房、學區佳、地段安全的好房子，如果買的房子在 2008 年次貸危機之前出售，大概可以拿到 30 萬美元左右。2008 年，我搬到邁阿密，在南邁阿密安全地段的兩房公寓月租為 1,400 美元左右，兩年後搬到波士頓，月租為 2,000 美元左右。

焦點　美國情報

2022 年美國房價如何？

　　最近通貨膨脹嚴重，房價上漲許多，月租也提高不少。即使在邁阿密，兩房以上的月租也要 3,000 美元以上，波士頓超過 4,000 美元，現在居住的曼哈頓郊區也將近 5,000 美元，曼哈頓兩房則要付上 7,000 至 8,000 美元。波士頓或特納夫萊附近安全又學區好的三房住宅，房價接近 100 萬美元。所以，若備有大筆資金，最好向銀行融資購屋。曼哈頓郊區的三房住宅，房價 40 萬美元左右，20％以自備款支付，剩下的 32 萬美元，若以利率 5.6％的 30 年期固定利率抵押貸款借支，包括財產稅、房屋保險在內，每月只需繳納 2,670 美元。雖然房屋維護耗資，但在邁阿密、波士頓、曼哈頓等大城市，比起住月租房，買房可能省更多錢，長期房價上漲的話，還得以享有美國平均房價上漲率 5％左右的複利收益。

　　縱使懷抱美國夢而來，美國也絕非易居之地。由於簽證擔保人問題，我不得不離開任職的律師事務所。2006 年 4 月，學生簽證的 OPT 實習訓練[10] 到期，我只能黯淡地走出律師事務所，這段記憶依然歷歷在目。有時候，我自己也感嘆，若是在韓國，從優秀大學畢業，待在人脈良好、語言通暢的地方，就算獨立之前與父母一起生活，也不會徒然揮霍掉留學費用，父母的老年生活也不會受損，為何要跑來留學受苦呢？我很晚才來留學，經過四年，英語沒進步，錢全都白花，沒辦法從常春藤聯盟之類的名校畢業，雖然律師考試合格後成為律師，卻由於移民簽證問題等因素，在美國的前途受阻，後悔常常湧上心頭。雖然曾經想過考取紐約律師資格證後就回韓國，然後去大公司的法務組工作，但當時的女朋友（現在的妻子）還沒完成學業，實在不想就這樣放棄歸國。

10　Optional Practical Training；在美國取得學生簽證後研習學碩博士課程的留學生，得以在專業相關領域取得臨時就業勞動許可的制度。

　　最後，為了保留簽證，我決定返回校園，準備研究所入學考試（Graduate Record Examination；GRE），就讀 IT 資訊學碩士課程。當時，我不斷去找院長，拜託他讓我成為教學助教，每月獲得 1,000 美元的獎學金，一直撐到 2008 年。當時，我 33 歲。想到自己沒工作還待在學校，心裡很不是滋味，但在人生受阻的道路前，我把眼光放遠五年，抱持重新開始的心態認真學習。我內心想著：「新的專業將會為我重啟道路」。在這段寶貴時間裡，我得以重新學習網頁設計、網路、資訊組織、統計、專案管理等，結果，這段學習引領我成為邁阿密大學的教授。

　　在塔拉哈西的窮留學生時期，完全不敢妄想投資股票，當時，每天只顧著生活糊口。看到在韓國賣掉的三星股票漲到數百萬韓元，有時也很心痛。如果就這樣放著，應該會漲近 100 倍，我常常感到後悔。沒錢的時候，我也經常想起在韓國買股票的日子。當初的投資資金只依賴家教費，投入太少，悔恨不已。

　　如果我和父母商量，至少拿出 1,000 萬韓元投

資，新韓證券上漲 30 倍就能賺到約 3 億韓元；再將錢轉入科斯達克，收益至少 3 倍以上，就能賺到 9 億韓元左右。如果當時自己別只顧著寫論文，好好操作股票全部賣掉，然後用這筆錢在常去的高速巴士客運站附近，買下一間當時還很便宜的公寓，到現在價格應該會漲很多，我也不必這麼辛苦留學。明知道這是徒勞無益的空想，但總是讓我在貧窮的時光中懊悔不已。因此，初期投資時，我認為先備妥一筆種子資金是很重要的。籌足 1,000 萬韓元，而非 30 萬韓元的種子資金，在機會來臨時，就能好好投資，獲得大筆收益。

平時休息無處可去的我，常去學校宿舍公寓後面的學校高爾夫球場旁邊的練習場。雖然沒錢，但那裡視野開闊，練習用的果嶺和沙坑做得很好，可以免費練習輕擊短切或推球等，晚上還有機會與前來練習的韓國留學生、駐外人員、交換教授、上班族大聊特聊。實際上，我曾有透過這個管道接到法律案件，也幫忙過成立公司、擬定合約等工作，

對生活費不無小補。此外，也曾交流過不少有關美
國國內房地產或企業收購、儲蓄或投資的話題。有
人住在佛羅里達，同時在華盛頓特區買房出租；也
有韓裔富豪在佛羅里達塔拉哈西擁有眾多建物、企
業、匯集招牌的看板等。那時才知道，原來擁有購
物中心前方的看板可以賺錢，購買停車場也可以獲
利。我也與經營餐廳、洗衣店、修理店、手機賣
場、假髮店等的僑胞社長們有許多對談。後來成為
律師後，身為該區唯一的韓裔律師，經常協助企業
買賣。在美國國內創業或房地產投資方面，我獲益
匪淺。從那時起，我產生了找到工作後要趕快存錢
購屋的想法。

　　在窮苦的留學生活中，我也有給自己的小奢
侈，就是在星巴克喝咖啡。佛羅里達原本就燠熱，即
使是約會，也會找咖啡廳或購物中心之類的室內才涼
爽。在韓國，我只喝自動販賣機的咖啡，所以我會在
韓國超市買 Maxim 咖啡三合一包來喝，連這也沒有
的話，就會在沃爾瑪買 Maxim 咖啡、奶精和糖，以

1：1：1的比例直接泡來喝。或許因為如此，如果約會時在星巴克喝一杯摩卡星冰樂或甜滋滋的冰咖啡，心情就會變好，感覺很特別。留學生之間，還用星星為星巴克取了「星茶館」的暱稱。現在回想起來，在南部校園城有西雅圖風格的現代星巴克，實屬萬幸。住在波士頓和紐約曼哈頓附近，也有很多藍瓶 Blue Bottle 之類風格咖啡廳和烘焙咖啡館，但在當時，只有一間星巴克就心滿意足。現在，除了大城市以外，星巴克應該是最大眾化、最美味的咖啡店。與韓國不同的是，美國星巴克是以滴濾咖啡的方式製作，包括我喜愛的 Pike Place 在內，味道還不錯。

焦點｜美國企業

星巴克（Starbucks）

美股交易代號：SBUX（NASDAQ）

星巴克以咖啡連鎖店的型態，不僅烘焙咖啡原豆，也販售咖啡原豆，經營杯子和紀念品

等多樣零售產業。星巴克分成北美組、國際組和通路開發組三組，販售咖啡、茶、烘焙咖啡原豆、飲料、糕點、早餐／午餐三明治等。它也會透過商標權授權，透過星巴克、茶瓦納、西雅圖最佳咖啡、鮮化、Ethos、Princi 等銷售產品。截至 2021 年 10 月，北美經營的門市有 16,826 間，國際上經營或授權的門市有 17,007 間。1971 年，星巴克創立於華盛頓州西雅圖，目前總部也設在此。聘僱員工總數為 383,000 名。

　　截至 2022 年 8 月，星巴克在過去 12 個月間銷售額上升至 299 億美元，淨收益寫下 41 億美元的紀錄。截至 2022 年 9 月，預計每股盈餘為 2.87 美元，2023 年為 3.33 美元，2024 年為 3.93 美元，年成長 10％以上。銷售額部分，預計 2023 年為 354.9 億美元，2024 年為 385.2 億美元，2025 年為 415.6 億

美元，增長 10％左右。股息係年息 2.25％，按季（2月、5月、8月、11月）支付。本益比目前為 27.59，高於同業平均值 11.80，目前銷售成長率為 17.94％，息稅折舊攤銷前盈餘 EBITDA 成長率寫下 16.63％的紀錄。毛利率為 27.01％，低於新冠肺炎疫情之前的 30％，也低於同業平均值 36.70％，但淨利率為 13.03％，高於同業平均值 6.16％。營業現金持有 48.2 億美元，高於同業平均水準。

截至 2022 年 8 月，除了中國由於景氣趨緩和新冠肺炎疫情封鎖措施等因素，銷售額驟減 40％左右，還有美國國內存在成立工會引發工資上漲的問題，全世界其他地方的銷售額都在持續增長。星巴克北美的餐飲銷售額比 2021 年增加 19％，相當驚人。此外，星巴克即將選出新的 CEO，期待將為公司營運注入新的推力。

2008 年，新的開始

　　2008 年夏天，我收到冬季畢業前面試的邁阿密大學教授職錄取通知。也就是說，在面對新煩惱又轉換跑道隔了兩年半，我才找到工作。這時，我已經 35 歲。夏天簽約，順利獲得工作簽證，自 2008 年末起開始工作，這是我首度能夠穩定賺錢。為了以防萬一，我每年繼續參加教育課程，繳交律師會費，繼續持有律師資格證，偶爾也會提供韓國人法律協助。後來轉到波士頓後，我把佛羅里達州的資格證轉換為麻薩諸塞州的資格證，便可持續律師活動。

　　邁阿密與奧蘭多、坦帕、傑克遜維並列為佛羅里達州最大的城市之一。沿著大西洋，從棕櫚灘經過羅德岱堡到邁阿密，來自全美各地的富豪與退休人員集結在此蓋別墅。這一帶與佛羅里達其他地區的美國南部文化不同，南美與北美的各種文化共存，擁有多元性文化的特色。偶爾晚上開車兜風前往邁阿密海灘的方向，沿著林肯路散步，那裡聚集一家家別具特色的有趣商店、畫廊、餐廳，光是邊走邊逛，就讓人覺得很幸福、心情變好。

　　此外，邁阿密是透過機場與港口前往南美的橋頭堡，扮演貿易中心的角色。這裡的人口有來自古巴、阿根廷、葡萄牙的移民，70％以上是使用西語的拉丁裔，如果不會說西班牙語，常會發生無法對話的情況。這裡也有 5,000 多名韓國人聚居，還有大型韓國食品店和餐廳，與塔拉哈西不同。紮根在此的韓國企業家也為數不少。他們主要從事貿易業，擁有豪車大宅，甚至還有舉辦 PGA 錦標賽的多拉高爾夫球俱樂部等地的高爾夫會員券，生活悠

閒愜意。身為天主教信徒，當時在教會彌撒和聚會
等場合，經常會與他們碰面，可以聽到他們在談服
裝、產業裝備等貿易與投資，甚至曾經聽過，相同
衣服在沃爾瑪、傑西潘尼之類的百貨商店與當時流
行的上市企業都市戶外 Urban Outfitters 旗下品牌人類
學 Anthropologie 供貨之間的差異。人類學雖然販售設
計佳、品質好的衣服，但賣場只有 200 間（當時沃
爾瑪擁有 1 萬間賣場以上）。所以，服裝供貨的獲利
力必然較低。

　　2008 年 9 月，赴邁阿密大學工作之前，爆發了
影響全世界市場，包括美國在內的重大事件──正
是雷曼兄弟事件。當時在報紙頭版看到雷曼兄弟投
資銀行破產的報導，至今記憶猶新。連不太關注世
事的我，也知道這件大事。這是 2008 年 9 月 15 日
的事，又稱「次貸危機」。銀行為無力償還的人提供
抵押，只要他們持有不到房價 20％的錢，就可以買
房。雷曼兄弟以該抵押為基礎，進行 3 倍以上的槓
桿投資，一旦人們無力償還，連鎖效應便面臨破產。

　　雷曼兄弟投資銀行的信用等級下調，聯邦準備理事會遂傳喚數間銀行，要求進行結構調整。但該協商以失敗告終。雷曼兄弟根據破產法第 11 章申請破產，結果發生涉及超過 6,000 億美元資產的美國史上最大破產事件。當時，繼 2001 年 911 事件以後，道瓊指數首度出現單日 4.5％的最大跌幅。以再融資等上漲房價為擔保提供高額借貸的銀行、第二金融圈、與雷曼兄弟進行交易的眾多對沖基金和公司，全都受到影響。隨著雷曼兄弟的破產，這些企業像骨牌一樣垮掉。雷曼兄弟原將資產藏在名為「哈德遜城堡」Hudson Castle 的空殼公司，在破產之前，營運團隊獲得高額報酬而事跡敗露。

　　該事件不僅影響美國股市，也對全國的資產市場產生直接或間接的影響。邁阿密珊瑚閣市的房價原本超過 100 萬美元，價格暴跌三分之一。所有職場都凍結招聘，削減工資，解僱員工。此外，當時原本 13,000 點左右的道瓊斯指數，跌至 7,000 點。

　　當時，我只覺得自己很幸運。因為身無分文，

沒有什麼可失去的，而且能夠擺脫 6 年來在佛羅里達塔拉哈西英語欠佳、前途黯淡、看不見未來、如無窗監獄般的生活，我感到十分慶幸。尤其，能夠在雷曼兄弟事件之前找到工作，真是萬幸，很感謝神沒有拋棄我。大學就職後，與其他教授聊了很多，經常聽到有人說 403D（401K 的學校版）的退休金減少一半而感到難過。

開始賺錢時，雷曼兄弟事件爆發，我想起在韓國大學生時期，IMF 事件時進入股市的記憶，本能地認為現在正是投資的最佳時機。過去的經驗對現在有一定的影響。由於我在美國不曾投資股票，需要對美國股市進行許多調查，包括美國股市的走向、怎樣的公司好、應利用哪家證券商、稅金如何等。所幸念法學院時，為了成為公司法律師，我曾修習「公司法」、「會計」、「金融」、「稅法」等科目，相當有幫助。

證券商部分，我想找可以線上交易，手續費低廉的公司。當時，Ameritrade 和 E-Trade 等公司

以網路為基礎，採手續費較少的方式經營。我在Ameritrade 開戶，從當時使用的美國銀行轉帳。稅金部分，由於學過稅法，所以能輕易掌握。如果持有 1 年以上再賣，可依長期稅金繳納資本利得稅，以我的年薪為基準，繳納的所得稅原課至 22％，可降至 15％。在韓國，多為短期交易，也沒有稅金和手續費，但在美國，投資環境截然不同，只能慎重選股。

因為知道韓國股市暴跌後，最先上漲的股票是金融、證券項目，所以我從證券股開始先看。當時看中的是摩根大通、美國銀行、花旗銀行、高盛等。記得當時摩根大通是 20 美元左右，而美國銀行是 5 美元左右。一開始暫且購買最大銀行摩根大通的股票，然後持續觀察。同校也有買股票的同事，我們會互相分享投資什麼股票，而且持續持有。該股在 2020 年 1 月漲至 136 美元，美國銀行則將近 35 美元。

為何當時我買摩根大通，而非美國銀行？現

在依然不知理由為何。當時金融市場不穩定，在傳統金融股中，我選擇了規模最大的銀行股暨證券股（銀行與證券投資業通常合併一起）。不過，我主要使用的銀行是美國銀行，它在任何城市都有分行，服務也令人滿意。當然，就貸款利息來說，非營利團體信用合作社可能更有利，但該合作社的分行少，自動櫃員機不好找，金融商品數量也少。反正，存款利息也不到 1%，助益不大。

焦點 ┃ 美國企業

美國銀行（Bank of America）

美股交易代號：BAC（NYSE）

投資大師華倫·巴菲特的投資組合中有 10.48% 是美國銀行股票，美國銀行是 1784 年成立於北卡羅來納州夏洛特的老銀行。截至 2022 年 1 月，美國銀行有 4,200 間左右的分行、16,000 萬台自動櫃員機、6,700 萬名客

戶。消費者金融部門負責銀行業務和金融商品銷售等，向全世界的個人客戶、中小工商業者、投資機構、大企業、政府等提供服務，業務包括儲蓄帳戶、定期存單、個人退休金帳戶、無息支票帳戶、投資帳戶、信用卡／金融卡、一般住房抵押貸款、房屋擔保貸款、汽車貸款等。

全球財富與投資管理部門提供投資管理、證券經紀、銀行、退休商品、資產運用解決方案等。全球銀行部門提供商業貸款、租賃、貿易金融、商用不動產或資產基礎貸款、債券管理、匯率、短期投資選擇商品、商業服務、資本管理解決方案、債券與股票交易和配置、合併相關諮詢服務等。全球市場部門經營市場形成、金融、股票調整、保存服務和利息、股票、信用、外匯、衍生商品、匯率、債券、抵押貸款商品等風險管理商品。

截至 2022 年 8 月，銷售額為 937.4 億美元，2023 年預計為 1,021 億美元，2024 年為 1,056.3 億美元。截至 2022 年 8 月，每股盈餘為 3.11 美元，2023 年預計為 3.75 美元，2024 年為 4.17 美元。截至 2022 年 8 月，淨收益為 280 億美元。股息為年息 2.44％，按季（3 月、6 月、9 月、12 月）提供。股息在 5 年間增加 22.87％。本益比為 10.75，略高於同業平均值 10.48；股價淨值比（Price-to-book ratio；PBR）為 1.15，略低於同業平均值 1.24。銷售成長率為 5.23％，類似同業平均值 6.91％，預計每股盈餘在今後 5 年內將增加 8.14％。此外，股東權益報酬率（Return on equity；ROE）預計成長 18.97％，高於同業平均值 10.08％。截至 2022 年 8 月，淨利率為 30.69％，現金持有 39.7 億美元。

相較於摩根大通僱用 27 萬 8,494 名員工，

美國銀行僱用 21 萬名員工。摩根大通市值為 3,387.7 億美元，美國銀行市值為 2,764.9 億美元。摩根大通的股息更高，為 3.46％，本益比較低，為 10.36。不過，目前美國銀行的銷售成長率為 5.23％，高於摩根大通的 -6.57％。據悉這是摩根大通人事費再上漲所致。

　　就職之後，透過 403D 就能享受稅金優惠，投資退休金制度。一開始，我決定投資 5％的月薪，學校對應提撥 10％，即投資月薪之 15％至退休金。這得在多家公司中擇一，從該公司提供的數十個選項中選幾個來投資。我的情況是，原本要從美國教師退休基金會 TIAA-CREF 和林肯金融 Lincoln Financial 等公司中做抉擇，但同事教授們建議我選美國教師退休基金會，即使轉到其他學校也可以帶著走，於是我從善如流。接著，我不知道裡頭要選什麼樣的基

金商品，一開始選了股票與債券比例為 6：4 的退休
型基金、國際股票指數 International Equity Index 和美國
成長股基金 US Growth Fund，採取每次月薪入帳立即
提撥的定期式投資。一開始投入美股時，由於雷曼
兄弟事件，股市正處於最低點，因此，截至 2013 年
可取得近 20％的良好收益。再加上複利效果，截至
2022 年，退休金已增為一大筆錢。

焦點　美國情報

所謂的「401K 退休福利計畫」

著名的 401K 退休福利制度，可視為由美
國眾多僱主提供，在投資上給予稅金優惠的退
休投資制度。這也是資金得以持續流入美國股
市的原因。美國人從展開職場的年齡起開始投
資，所以到退休之時，可收投資的複利效果而
籌得巨款。

401K 係根據美國《國內稅收法典》

（Internal Revenue Code）的「401(K)」條款命名。學校提供的是依 403(D) 條款，但概念是差不多的。加入 401K 的受僱者將月薪一定部分提撥投資帳戶。僱主將等同於一定部分或補貼更多一點的金額提撥至帳戶，稱之為「對應提撥」。如果每月投資月薪的 5% 至 10%，公司會對應提撥同等或更多一點的金額至退休資金。每年可以投資的金額，將根據通貨膨脹做調整，截至 2022 年 8 月，未滿 50 歲者的投入金額上限為 20,500 美元。50 歲以上者，投入金額可增添 6,500 美元，上限為 27,000 美元。

在這種情形，個人可以從數家退休金管理公司中擇一，再從其中提供的多種指數股票型基金 ETF 等基金商品中選擇投資。可以多樣選擇安全資產風險資產等，在股票、債券、不動產、現金、礦物指數股票型基金中挑擇投資。

如果自己的公司沒有這類 401K 退休金制度，可以到附近銀行開設個人退休金帳戶 ^IRA，每年進行 6,000 美元以下的投資。若以此方式運用退休金制度，到 59.5 歲為止皆可不用繳稅，但若在之前提款，須追加繳納 10% 的稅金。之後，稅金可依決定退休之年齡的所得水準繳納即可。當然，退休後繳納的所得稅比賺錢時少得多，而且是一點一點提取使用，可更加省稅。72 歲以後，必須無條件提取一定金額的錢。這類退休金制度是傳統方式，也有以羅斯 ^Roth 方式投資，即事先繳稅，退休時不繳稅的方法。

　　開始在邁阿密大學工作後，最先改變的是車子和手機。當時我每月一次週末開車去探望遠住在約 800 公里外塔拉哈西的女朋友（現在的妻子），原本的車子故障報銷後，我換了一台車齡 2 年的銀色二

手賓士車。新車適合開往返 1600 公里的長距離。不僅速度快，乘車感也很棒。但由於高昂的分期付款額，最後還是後悔了，2011 年搬到波士頓就賣掉。

偶爾，我也會租車開，可以只租單程的安維斯租車 Avis 似乎比赫茲租車 Hertz 或企業租車 Enterprise 更好。2007 年，我曾租車進行長途自駕公路旅行，路經阿拉巴馬州、密西西比州、路易斯安那州、德克薩斯州、新墨西哥州、內華達州、直到加州，往返路途 4000 公里左右。當時也是向安維斯租車，便宜又實用。2010 年 10 月，女朋友取得博士學位，要離開塔拉哈西返回韓國。當時，我也是向安維斯租車，開去塔拉哈西，再向安維斯旗下的百捷卡車租賃 Budget Truck Rental 租卡車，將搬家行李載來邁阿密，那段記憶仍歷歷在目。那也是我最後一次去塔拉哈西。

焦點	美國企業

美國的租車公司

　　截至 2022 年 8 月，美國租車的整體潛在市場（Total Addressable Market）規模為 542 億美元，相較於 2021 年成長 9.8％。從 2017 年到 2022 年，年平均成長 2.8％。企業租車是美國最大的租車公司，旗下有阿拉莫租車 Alamo 和國家租車 National Car Rental，門市 900 多間，遍布 419 個機場，可達美國各地。但，這是一家未上市的公司。安維斯租車的總市值為 83.2 億美元，在上市公司中最大。因訂購 10 萬輛特斯拉 Tesla 車而出名的赫茲租車，市值為 70.1 億美元，位居第二。

　　截至 2022 年 8 月，美國租車公司的處境黯淡。新冠肺炎疫情爆發後，承受巨大衝擊。赫茲租車申請破產。由於封鎖措施，旅行受到

限制，可工作的職員也減少，所以只能大量
削減門市。以安維斯租車為例，2019 年擁有
660,461 輛汽車，但 2020 年減少至 532,661
輛，現在又恢復到 600,847 輛。隨著新冠肺炎
疫情緩解，預計今後 5 年內租車用戶將每年平
均增加 25.13%，用戶將達到 6 億 420 萬名。
預估 2026 年銷售額將達 1,138 億美元。

安維斯（Avis）

美股交易代號：CAR（NASDAQ）

　　安維斯 · 百捷集團 Avis Budget Group 在 1946
年成立於紐澤西州帕西帕尼，提供轎車／卡車租
賃、汽車共享等，現有 18,500 名僱員。安維斯
提供旅行用租車，百捷卡車租賃則提供單程或往
返卡車和廂型貨車，擁有 2 萬輛左右的卡車，經
營 850 間門市，旗下的 Zipcar 是共享汽車服務。
安維斯旗下有百捷 Budget 、Payless、Apex、

Maggiore、MoriniRent、FranceCars、
Amicoblu、Turiscar、ACL Hire 等租車品牌，
此外還有保險和燃料提供服務、道路維修服
務、送貨服務等。目前在全世界擁有 10,400
個營運據點。

截至 2022 年 8 月，銷售額為 118.9 億
美元，每股盈餘為 46.17 美元，淨收益寫下
23.64 億美元的紀錄。隨著新冠肺炎疫情減
弱，取得爆發性的銷售成長。但是，受到工資
和油價上漲等通貨膨脹的影響，加上經濟不
景氣的憂慮加劇，預計每股盈餘 2023 年將減
至 22.75 美元，2024 年更減至 18.21 美元。
銷售額部分，預估 2023 年為 118.9 億美元，
2024 年為 113.8 億美元。估值良好，本益比
為 3.96，顯著低於同業平均值 6.84；股價營
收比 PSR 為 0.85，低於平均值 1.34。預計銷
售成長率在 5 年內平均增加 5.48％，EBITDA

> 在 3 年內增加 54.31％。毛利率為 48.98％，
> 淨利率為 21.02％。

　　我跟上了新時代，把用了很久的 2G 摺疊式手機換成智慧型手機，換的手機似乎不錯。當時最「夯」的技術發展是蘋果的智慧型手機 iPhone。2007 年 iPhone 首度上市時，有觸控板的機種眾多，如 LG 的 Prada 機、三星的 Armani 機、黑莓機等，因此，iPhone 未獲多大關注。當然，沒工作的窮留學生可不敢妄想這些手機，只要有能通話的便宜摺疊式手機就足夠。但在我找到工作的 2008 年，蘋果推出 iPhone 3G。這時，我也覺得應該跟上智慧型手機時代，所以買了 iPhone 3。雖然擁有簡潔設計的觸控式手機很新奇，但指南針、相機、音樂、GPS、遊戲、電腦等全部集合在一支手機裡，根本就像是新世界。可與其他用戶線上一起玩的遊戲應用程式也相當多，記得自己有一段時間沉迷於「寶

可夢傳說」Pokémon Legends 或 We Farm 之類的遊戲。
後來，直到換成三星 Galaxy 手機為止，我還曾使用
iPhone 4 和 iPhone 5。截至 2022 年 9 月，蘋果已推
出至 iPhone 14。

　　蘋果的 Mac 以推出超薄設計撼動個人電腦市
場，也是在此時。2007 年左右，iMac、MacBook、
MacBook Pro、MacBook Air 等展現創新的簡約設
計，外覆鋁合金機殼。可配備英特爾的晶片，安裝
使用微軟的視窗作業系統，因此大受歡迎。不過，
我依然繼續使用稍微便宜一點的戴爾和惠普的筆記
本電腦。當時，個人電腦市場與蘋果競爭。電視廣
告致力宣傳傳統個人電腦的卓越性。但年輕人幾乎
把蘋果電腦和智慧型手機神化，紛紛成為狂粉。在
美國，蘋果依然深受歡迎，順利構建出自己的生態
系統。

焦點｜美國企業

蘋果（Apple）

美股交易代號：AAPL（NASDAQ）

蘋果設計／製造／販售智慧型手機、個人電腦、平板電腦、穿戴式裝置與配件，且提供其他多種相關服務。公司的主要商品有 iPhone、Mac、iPad、AirPod、iPod Touch 等，以及主要服務有 AppleCare 與雲端服務、數位內容 Apple Arcade、音樂 Apple Music、新聞 Apple News+、電視 Apple TV+。此外，支付服務有信用卡 Apple Card 和支付 Apple Pay。截至 2022 年第 2 季，iPhone 占銷售額 52％，其次依序為服務 20.4％、Mac 電腦 10.7％、iPad7.9％、其他產品 9％。

蘋果成立於 1977 年，總部設在加州庫比蒂諾，僱用員工 154,000 名。截至 2022 年 8

月，銷售額達 3,875 億美元，為美國最高市
值企業。淨收益為 996 億美元。每股盈餘為
5.17 美元，預計 2023 年為 6.10 美元，2024
年為 6.84 美元，2025 年為 7.42 美元。股息
為年息 0.53％，按季（2 月、5 月、8 月、11
月）發放。本益比為 28.55，高於同業平均值
19.30，銷售成長率為 11.63％，EBITDA 成長
16.79％，股東權益報酬率成長 28.08％。收
益性非常好，毛利率為 43.31％，營業現金流
為 118.2 億美元。

在邁阿密，職場上、在有 200 名左右教徒的韓
國人教堂，都可以認識新的人。但，由於曾經生活
在塔拉哈西將近 6 年，很想念那裡認識的韓國人和
美國人朋友。儘管偶爾還是可以見面，但無法像以
前一樣想見就見，我們只能漸漸在社群媒體世界裡
進行交流。

　　之前，我與韓國朋友交流時經常使用的 Cyworld，在遇駭丟失密碼後，逐漸不再使用。隨著在美國的時間愈來愈長，不知不覺與韓國漸行漸遠。我開始為了與美國朋友交流而積極使用臉書，是在 2008 年找到第一份工作時。搬到新城市後，需要與朋友進行交流，當時最熱門的社群媒體平台是臉書，偶爾也會使用推特。除了同事之外，在學會認識的人也開始透過臉書和推特積極聯繫。到目前為止，我還會用臉書與當時聯繫的人聊天對話。YouTube 則是後來 2011 年才開始使用。

焦點｜美國企業

社群元宇宙（Meta Platforms，原臉書）

美股交易代號：META（NASDAQ）

　　Meta 公司總部設在加州門洛帕克，最初於 2004 年以臉書（Facebook）之名成立。此後，臉書在 2012 年收購 Instagram，在 2014

年收購聊天應用程式 WhatsApp 和虛擬實境
頭戴式裝置製造商 Oculus VR，在 2020 年收
購遊戲開發商 Beat Games。後來，臉書面臨
美國政府的社群媒體政策和反壟斷訴訟、蘋果
的隱私權保護政策、與抖音（TikTok）競爭而
導致用戶數停滯等種種困難，2022 年 2 月將
公司更名為社群元宇宙（Meta Platforms）。

　　透過行動裝置、電腦、VR 頭戴式裝置和
電視等，Meta 協助人們連結與分享。商品有
臉書、Instagram、WhatsApp、臉書實境實
驗室（Facebook Reality Labs）和電玩遊
戲平台 Crayta 等。Meta 營收來自廣告，協
助銷售業者透過年齡、性別、位置、關注和行
動模式等，與消費者親近距離。銷售業者可在
臉書、Instagram、Messenger 和第三方應
用程式與網站投放廣告。

　　截至 2022 年 8 月，年銷售額為 1,194 億

美元，大部分來自廣告。淨收益為 336 億美元。每股盈餘在 2021 年為 13.99 美元，預計在 2022 年將減少 30%，寫下 9.77 美元的紀錄。預估 2023 年為 11.21 美元，2024 年為 13.18 美元，2025 年將達 16.23 美元的紀錄。截至 2022 年 8 月，本益比為 13.92 美元，低於同業平均值 14.55 美元，銷售成長率為 13.95%。預計每股盈餘在今後 5 年內將增加 7.05%。營業現金流將增長 18.45%，毛利增長 80.47%，表現良好。截至 2022 年 7 月，臉書的日活躍用戶數為 19.68 億人，仍然扮演全球第一社群平台的角色，全世界 36.8% 的人口使用中。但在過去 3 個月內，顯示使用者正在減少，每月減少 200 萬名。

還有，當時最炙手可熱的是搜尋引擎，美國人最常使用的是 Google。雖然也有微軟的「Bing」，但搜尋演算法的性能不及 Google。留學生活期間，

我也與其他專業的博士生多有交流，許多人稱讚 Google，甚至認為它比學校付費訂閱的資料庫更方便查詢資訊等，自 2000 年代初期起，Google 的搜尋能力獲得印證。

從 2008 年找到工作以後，我大多使用 Google 搜尋。然而，連學生們也棄用「Westlaw」或「Lexis」等昂貴的法律資料庫，只用 Google 查詢法律資料，我感到相當為難。因為就算搜尋順利，用 Google 找到的法律結果常有未更新的不可靠資訊。全球資訊網（World Wide Web；WWW）從 1995 年左右開始活躍，直到 2008 年左右，真的有大量網頁和資訊氾濫，Google 藉由演算法，可以良好掌握用戶的搜尋傾向，找到所需資訊。目前，似乎還沒有能夠對抗 Google 的搜尋引擎。

我也是那時候 Ebay 上付費購買 Gmail，送給學弟妹。在網路瀏覽器市場上，Google 的 Chrome 也取代了 Internet Explorer 和 Mozilla Firefox。截至 2020 年，Chrome 的占有率為 65.99%，蘋果的

Safari 為 16.82％，Firefox 為 4.09％。

2015 年，Google 成為字母控股 ^Alphabet 的子公司。字母控股將事業擴展到地圖、雲端、YouTube、安卓 ^Android 作業系統、雲端硬碟 Drive、智慧家居 Nest、穿戴裝置Fitbit、遊戲、音樂、電視、人工智慧晶片、軟體等。就這樣，從某個瞬間起，Google 成為我生活的一部分。開車時使用 Google 地圖導航，電子郵件的收發大多使用 Gmail 帳號，相當多的檔案儲存在 Google 雲端硬碟。此外，透過 YouTube，生活也得到助益。現在使用的三星 Galaxy 手機採安卓作業系統，家中的溫度調節器是可以遠端遙控的 Nest。

記得 Google 從 2004 年初上市起就人氣旺，股價也大幅上漲。當時，窮留學生要買是相當貴的，但此後股價依然飆升。到目前為止，已經上漲 20 倍以上。2008 年，雷曼兄弟事件時還曾跌至 6 美元左右（2022 年 1/20 分割後的價格），但此後價格也上漲了 15 倍以上，令人難以置信。我曾經後悔，當時該買蘋果和 Google，而非銀行股。

焦點｜美國企業

字母控股（Alphabet，原 Google）

美股交易代號：GOOGL（NASDAQ）

　　Google（Google）始於 1996 年，原為史丹佛大學博士生賴利・佩吉 ^{Larry Page} 和謝爾蓋・布林 ^{Sergey Brin} 的研究計畫之一，名字源於單詞 Googol（意指 10 的 100 次方）的趣味變形。1997 年，他們註冊 www.google.com。字母控股成立於 1998 年，總部設在加州山景城，在美國、歐洲、中東、非洲、亞洲、加拿大、拉丁美洲提供多樣商品與平台。

　　Google 服務包括廣告、安卓、Chrome、Gmail、Google 雲端硬碟、Google 地圖、Google 相簿、Google Play 遊戲、搜尋、YouTube。Google Play 商店除了販售應用程式和數位內容，也販售穿戴裝置 Fitbit、智慧家居 Google Nest、Pixel 手機等。Google

雲端提供基礎設施與平台服務。Google Workspace 提供 Gmail、Docs、雲端硬碟、日曆和 Meet，方便企業能在雲端協力合作。健康技術也有販售。

截至 2022 年 8 月，銷售額為 2,781 億美元，淨收益為 720 億美元。截至 2021 年第 1 季的銷售額中，Google 搜尋占 57.64%，Google 網路占 12.29%，YouTube 廣告占 10.87%，Google 雲端占 7.32%。每股盈餘部分，預計 2022 年為 5.24 美元，2023 年為 5.98 美元，02024 年為 6.93 美元，2025 年為 7.90 美元，2026 年為 8.69 美元。本益比為 21.98，高於同業平均值 14.55。銷售成長率為 26.27%，預計未來將達 21.33%，高於同業平均值 11.97%。預計在今後 5 年內，每股盈餘的成長將達 13.80%。毛利率頗佳，達 56.74%，EBITDA 利潤率也寫下 34.83%的紀錄。

2011 年，波士頓與富有的理髮師

　　2011 年 1 月，我轉校搬到波士頓。最大的原因是要解決身分上的問題，3 年內得延長 H1B 工作簽證，6 年內得換永久居留權，但之前的學校態度消極。除此之外，比起韓國人較少的南方，我更希望生活在韓國人較多的北方。雖然南方天氣好，觀光勝地多，但在居民以拉丁裔為主的邁阿密，韓國人屬少數人種，生活並不容易。

　　從邁阿密到波士頓約 2,400 公里的高速公路行程，我直接開車去。在此之前，曾與前後輩一起開車去紐約兩趟，所以自認熟悉可勝任。但在冷颼颼

的天氣下，旅程比想像艱難。獨自開車時會想東想西。這是一趟 3 天 2 夜的漫長旅程，先後在喬治亞旅館和紐澤西州的美國朋友家過夜。從最炎熱之處到最寒冷之處，從完全看不到雪的地方，到一邁腳就深陷積雪的地方，這段旅程的環境變化巨大。波士頓是我第四個定居城市，心裡激動期待會在此展開什麼有趣的事。這時，我 38 歲。

南部與北部，文化上大相逕庭。邁阿密和波士頓，雖然都是大城市，但種族組成和文化差異顯而易見。波士頓總人口 9.7 ％為亞裔，在種族多樣性方面更勝邁阿密。甚至連英語口音也不一樣，波士頓口音是將英式發音稍微轉換成美式發音。剛開始真的很難聽懂。人們經常檢視「Park the car on Harvard Yard」（把車停在哈佛園）這句如何發音，確認是否為真正的波士頓人。

1614 年，約翰・史密斯 ^{John Smith} 船長開墾的波士頓海濱，被稱為新英格蘭，即「新英國」之意，當時的原住民印第安人感染天花，人口死亡一半以

上。1630 年，英國清教徒定居，開始建造這座與英國波士頓同名的城市。如果說紐約受到荷蘭文化的影響，費城受到德國文化的影響，那麼，波士頓則是英國文化紮根的城市。沿著查爾斯河，哈佛大學、麻省理工學院 ^MIT^、塔夫茨大學 ^Tufts University^、波士頓大學 ^Boston University^、東北大學 ^Northeastern University^、波士頓學院 ^Boston College^ 等著名私立大學坐落於此，這是一座學術與科學的城市。

U 字形公園綠道「綠寶石項鍊」以紐約中央公園設計師設計的波士頓公園和公共花園為中心，四周有數百年歷史波士頓風格的老建築與教堂環繞，散步其中真的很浪漫。向著碼頭公園優美成型的小義大利區北角和昆西市場也是我們夫婦經常愉快造訪之地，從後灣到紐伯里街，同樣一路美不勝收。距離波士頓 1 小時車程的格洛斯特、鱈魚角、羅克波特、新罕布夏州的樸次茅斯等，都是成為美國知名印象派畫家畫作背景的美麗城市。

在這座魅力迷人的城市波士頓，我與戀愛 6 年

的女朋友終於結婚成家，生下女兒，在這裡適應、成長、生活 7 年，直到 2018 年搬來紐約為止。

來到波士頓，遇見當時擔任東北大學法學院副院長的瑪麗，成為修正我投資傾向的契機。當時，由於美國股票交易需繳納高額手續費和稅金等，制度設計以長期投資為規劃考量，我也不知不覺成為長期投資者，但在瑪麗副院長的推薦下，我接觸到大衛・奇爾頓 David Chilton 的《富有的理髮師》暫譯，The Wealthy Barber 一書。此書在 1995 年出版，副標題是「人人實現財務獨立的常識指南」。透過這本書，我得以修正在資產分配與風險等投資方面的整體性原則。最重要的，這本書撰寫的形式是主角從鄉下的致富英雄理髮師與客人間的談話中學習到金融知識，所以真的能夠從中輕鬆學到關於美國金融投資的很多東西。不同於我之前學過的美國會計、金融、經濟學，這本書談的更接近投資實戰。此書針對 10% 的儲蓄方法、遺產、人壽保險、退休計畫、房屋、儲蓄、投資、稅金等提供洞察卓見，實為不

可或缺的概論書，蘊有引領前往財富與幸福的力量。

　　透過這本書，我開始關注「財務自由」的概念，以及了解股票、房地產、保險等各種投資方法。此外，該書還教導，在股票的風險分散上，要在全世界分散投資，才能安全且持續地獲益。從那時起，我開始將股票做世界性的分散投資，轉而偏好國際股票指數 International Equity Index 基金。

　　而且，對於為什麼要買房子，該書提出明確的理由。因此，我一邊住在月租公寓，一邊開始找房子。恰巧，當時雷曼兄弟事件導致房價大跌。5 月結婚後，我在銀行取得融資，四處尋找新婚房。很幸運地，我們在 2011 年冬天以 40 萬美元購得曾為美國獨立戰爭發源地、波士頓郊區萊辛頓的房子。後來，搬去紐約時，房價上漲到 70 萬美元左右，可謂大幅獲利。

　　家裡會有歌劇《米蘭少女克拉莉》Clari, the maid of Milan 中名曲〈我的家庭真可愛〉的氛圍。在沒有

全租制[11]的美國，與其繳納月租、經常搬家，我認為更好的方式是定居一處數十年，撫養孩子長大，醞釀長久的幸福回憶。

波士頓的家是我的家庭的起始之處，也是 2017 年女兒出生之地，對於全家來說，意義重大。當時，原本健康的父母曾經來訪，幫忙修繕房屋內外，整理庭院，這裡是我們日日朝暮聚別的幸福生活駐足地。房屋周圍林木扶疏，適合散步。

附近還有一家名為「威爾森農場」的農場直營超市，隨時都可以買到新鮮的蔬菜、水果、全麥麵包等。此外，附近也有法國人經營的法式麵包店，甜滋滋香噴噴的杏仁可頌真的很美味。

萊辛頓安適靜謐又學區佳，長期以來很適合女

11　譯註：全租（전세）是韓國獨有的租屋制度，由租屋者給房東一筆押金，金額通常是房價 70％ 至 80％，居住期間只需要月繳管理費和個人水電瓦斯費用，無須再支付任何房屋租金。租約到期時，房東會將押金全數退回給租屋者。對房東來說，押金相當於「無息貸款」，可運用這筆現金做更多的投資，對於租屋者來說，全租房的貸款利息也往往比月租金便宜，可謂互利互惠。

兒的成長，後來由於工作關係，不得不搬到紐約，著實可惜。有一次，我和內人一起開車再訪波士頓的家。也許是懷念，記得當時看到撲簌簌流淚的內人，我眼眶也被淚水浸濕。

最適合取得銀行融資，進行槓桿投資的非房地產莫屬。因為用小規模資金做大額投資的風險較小，而且作為安全資產，房地產會持續小幅上漲，不太容易跌價。長期來看，可以起到避險的作用，危險度低，而且長期有隨著通貨膨脹持續上升的傾向。

房地產投資可以住宅和商業用建築等為對象，自 1992 年以來，美國房價以每年 5.3％的幅度上漲。因此，要達到房價翻一倍的複利效果，平均需要 13.5 年左右。在美國，只要自己負擔房價 20％左右，即使未另購民營抵押貸款保證保險 Private Mortgage Insurance；PMI，也可以不錯的利率獲得銀行貸款。若有多餘的錢，投資商家之類的商用不動產也很好。雖然風險度比一般家庭住宅高，但收益性高

是事實。也有人會購買周圍破舊的商家建築翻新整建，藉此獲利。

在美國，如果期待房價持續上漲，最好購買地段佳的房子。好地段，認知上可能是鄰近自身職場或子女學校的地方。但若期待房價上漲，宜是安全、學區佳、鄰近餐廳等各種便利設施的地方，美國市中心稱為「Downtown」，通常鄰近市中心之處的房價較貴，因為市中心距離購物中心和醫院等便利設施更近。

然而，若是有子女的家庭，不妨考慮在郊區買房，只要孩子可以安全地走路上學，自己上下班的路途稍微遠一點也沒關係。波士頓附近的萊辛頓和牛頓等地學區佳，房價偏高且持續上漲。紐約曼哈頓附近紐澤西州的特納夫萊、克瑞斯基爾、德馬雷斯特等地也很安全，學區亦佳。

各個城市的供需得仔細觀察。比起紐約，波士頓附近的房價上漲得更快。像波士頓這類人口持續增加的城市，由於住宅供應不足，房價傾向持續上

漲。事實上，從 2008 年雷曼兄弟事件以後，美國沒
有蓋很多新房，尤其美東部分，住宅供應較為不足。

　　要在美國成功投資房地產，必須具備修繕房屋
的維護管理能力。因為這裡人工費非常貴，若是請
人修繕房屋的話，成本會增加。另外還要負擔高額
的財產稅和房屋保險費，與月租相比，其實節省不
了多少。當然，透過房價上漲，仍可期待獲利，若
要維護好房地產，必須具備能夠以便宜方式解決水
電配管工事的能力。基本的東西，要能獨自修理維
護。以我為例，擦油漆、基本配管作業、鋪瓷磚或
地板、修理鍋爐、設置與更換設施、更換水龍頭、
混凝土作業、庭園管理等，全都是獨自進行。好好
搜尋 YouTube，就有平易近人的教學頻道。此外，
前往家得寶與勞氏公司等大型五金賣場，便可輕鬆
便宜買到作業所需裝備、機器、材料（木材、水
泥、碎石、沙子、瀝青、磚土等）。這些賣場也有卡
車出租和送貨服務。

焦點｜美國企業

家得寶（Home Depot）與勞氏公司（Lowe's）

美股交易代號：HD（NYSE）、LOW（NYSE）

　　消費類股公司家得寶成立於 1978 年，設址在喬治亞州亞特蘭大，為協助居家改善的零售商。販售各種建材、包括植物在內的各種庭園產品、建物維護／修繕／裝飾用品、冰箱、烤箱等。除了協助地板安裝作業，公司也會幫忙裝設櫥櫃、暖爐、空調、窗戶等，並且提供各種設備的租賃服務。家得寶的主要消費者是房屋持有者、專業內部裝潢企業、工程承包商、修繕維護專家、水電配管技術人員、油漆企業，也提供網站訂購與送貨服務。截至 2022 年，賣場數為 2,317 間。

　　截至 2022 年 8 月，過去 12 個月的年銷售額為 1,515 億美元，淨收益寫下 164 億美元的紀錄。預計 2023 年的每股盈餘為 16.48 美元，

2024 年為 17.34 美元。股息為年息 2.41％，按季（3 月、6 月、9 月、12 月）給予。截至 2022 年 8 月，本益比為 19.11，高於同業平均值 12.24，銷售額以每年 7％左右的速度增長。

勞氏公司是與家得寶競爭的公司，成立於 1921 年，總部位在北卡羅來納州穆爾斯維爾。提供的產品和服務與家得寶類似，經營的品牌與家得寶略有不同。就我個人而言，勞氏公司似乎擺出更多較高級的產品。截至 2022 年 8 月，賣場數為 1,971 間，與家得寶一樣，一般城市都有一間。截至 2022 年 8 月，銷售額為 962 億美元，淨收益為 84 億 4,200 萬美元。預計 2023 年的每股盈餘為 13.41 美元，2024 年為 14.47 美元。股息為年息 2.03％左右，按季（2 月、5 月、8 月、11 月）支付，2022 年股息增加 36.17％。截至 2022 年 8 月，本益比為 15.40，高於同業平均值 12.24，銷售額以每年 3.30％的速度增長。

2015 年，股市寒流與轉換期

從 2012 年初起，我在離家步行 10 分鐘左右的地方搭乘 62 號公車，直抵位於劍橋市的灰西鯡站地鐵站，搭紅線到波士頓市中心十字站換車，再搭橘線到拉格斯站下車，到校要花上 1 小時 30 分鐘，每天這樣上下班通勤。開車沒辦法休息，停車費也很貴，還要償還抵押貸款，所以沒什麼選擇餘地只能坐車通勤。

如果用查理卡 [12] 結算月費，交通費 1 個月似乎

12　Charlie Card；波士頓地區支付交通費的非接觸式智慧卡。

還不到 80 美元。原來開的賓士車，我已在佛羅里達賣掉，內人開的福斯 Rabbit，只在購物或上教堂時才開。2015 年，由於發生事故，車子換成豐田的油電混合動力車 Prius。我們夫婦非常喜歡這台車，可以邊行駛邊充電、幾乎不耗油，讓我們得以盡情暢遊鄰近城市與海邊。當時的油電混合動力汽車市場，豐田占 50％以上。

焦點｜美國情報

美國汽車市場占有率

　　截至 2021 年，美國小型車 1 年內售出 1,360 萬台，比 2020 年增加 12.7％。2020 年，美國汽車與配件市場的規模為 1 兆 2,490 萬美元，相當於美國國內生產毛額（GDP）的 3％。截至 2022 年第 2 季，在 1 噸以下的小型車市場，福特占 13.18％，豐田占 12.12％，雪佛蘭占 11.16％，本田占 6.25％，吉普占 5.43％，

> 現代占 5.35％，日產占 5.02％，起亞占
> 4.01％，吉姆西占 3.84%，速霸陸占 3.82%，
> 特斯拉占 3.45％，賓士占 2.87％， BMW 占
> 2.29％，福斯占 2.25%。

　　自 2011 年起，我的個人投資就透過定期式退休金持續進行。從每月 15 日領取一次的薪資中扣除 10％，學校對應提撥 10％，總共投資月薪的 20％。來到波士頓後，薪資會在 15 日一次發放，所以會在 15 日一次自動購買股票。邁阿密的退休金帳戶全部轉到新職場波士頓東北大學的退休金帳戶。當時，投資組合遍布全球的國際股票指數基金和投資美國成長型企業的美國成長基金 US Growth Fund 各投資 50％。原本扣除一點生活費後進行投資的帳戶，繼續持有摩根大通的股票。不知是否因為原本市場良好，2012 年和 2013 年分別取得 18.2％和 24.6％的收益。

然而，股市開始颳起寒風。2014 年起，聯邦準備理事會（聯準會）準備實施緊縮，2015 年 12 月，由珍妮特・葉倫 ^{Janet L. Yellen} 掌舵的聯準會將基準利率上調 25 個基點 [13]，這是 2006 年以來的首度之舉。我還記得，自 2015 年初起，在公車站下車的返家路上遇到鄰居時，我們會一起討論聯準會升息的事，一起互訴擔憂。當時，抵押貸款利率也上升到 3.5％以上，房地產、股市都受到影響。我的退休金投資組合在 2014 年後半期到 2015 年期間寫下負成長的紀錄。但我沒有太花心思，只是放著不管。因為那個時期還有很多要費心的事，如永久居留權的問題等。

13　譯註：Basis point；bp。基點為交易中用以形容利率或其他百分比變動的計量單位。1 個基點等於 1％的百分之一，即 0.01％。利率變動的最小單位是 25 個基點，即 0.25％，也就是所謂的 1 碼。

焦點　美國情報

緊縮的時代

2015 年 12 月，原為 0 ～ 0.25％的基準利率上調至 0.25％～ 0.5％。GDP 成長率為 2.3％，失業率為 5％，通貨膨脹率為 0.1％。2016 年 12 月，聯準會將基準利率上調至 0.75％。當時，GDP 成長率為 1.7％，失業率為 4.7％，通貨膨脹率為 1.3％。截至 2017 年 12 月，聯準會將利率上調至 1.5％，2018 年 12 月上調至 2.5％。從 2015 年到 2018 年，總共升息 9 次，將利率上調至 2.25 ～ 2.50％。考慮到物價的話，實質利率是正數。此後，聯準會決定不再升息，且在 2019 年 8 月再度下調利率至 2.25％。2019 年，當時 GDP 成長率為 2.3％，失業率為 3.5％，通貨膨脹率為 1.9％。2017 年起，開始有聯準會將縮減資產

負債表 [14] 的傳言。聯準會的債券帳戶原有 4 兆 5,000 億美元，從 2018 年開始縮減，一直縮至 3 兆 7,000 億美元，市場的貨幣量則隨著升息而成長趨緩。

14　譯註：Balance sheet。聯準會縮減資產負債表，也就是所謂的「縮表」，意即聯準會為資產負債表瘦身，作法是持有的債券資產到期後，不再投入市場，或索性拋售債券部位。目的在於抑制通貨膨脹，降低量化寬鬆政策（QE）的副作用。

2016 年，再成長的時期與科技巨頭

2015 年，我們夫婦在幾經周折後，終於取得永久居留權。原本還沒有永久居留權而長時間待在韓國的內人，終於可以重返美國。對於移居美國的人來說，永久居留權的問題是真正重要的事情。很多人即使找到好工作，沒有簽證或永久居留權還是得回國。我負責過移民案件，了解當事人得等上好幾年，內心十分煎熬。我曾擔心，如果在這期間被解僱，只能返回韓國，在教會聚會裡，也常有人請我協助順利取得簽證或永久居留權。若想聘請優良律師事務所的專精律師，費用也要幾千到幾萬美元，

負擔不小，所幸我能獨自處理這個問題。

　　直到 2017 年女兒出生為止，我們可以安然無事地生活。記得我會坐在流經波士頓與劍橋之間的查爾斯河畔，望著玩賽艇的學生，悠哉讀書。當時內人在波士頓大學擔任客座教授，我也常常在河畔等她下課，在學校前面的星巴克買咖啡喝，在河邊散步、欣賞櫻花。當時讀的書中，史丹佛大學心理學教授卡蘿・杜維克 ^{Carol S. Dweck} 撰寫的《心態致勝》^{Mindset} 為我疲憊不堪的生活重新注入活力。

　　當時我年逾不惑，對生活缺乏動力，感到倦怠，但讀完這本書後，我有了要重新成長的想法。我還在車內拍了一段影片，分享這本書帶來的感動，宣告「我的生活從現在開始將迎來重大的轉折點」。為了揚棄反反覆覆、如一潭死水般停滯不前的人生，為了創造抱持耐心、不斷挑戰的成長人生，這是我的小小努力。從此之後，我得以寫出許多人權相關的新論文，在國際學會上發表，積極活動。而且最終在 2022 年成為羅格斯大學 ^{Rutgers Uni-}

versity 的終身教授。這是時隔 7 年的成果，我甚至還在計劃今後的 15 年的生活。

　　來到波士頓，最常採購的地方是好市多。Market Basket 或 H-mart 也很好，但能夠以批發價格購買多樣商品的地方是好市多。營養補充劑、牙膏、書桌、攪拌機、堅果、藜麥、零食、麵包、沙拉蔬菜、牛肉、鮭魚、水等，我都經常在好市多購買。當時的三星電子電視，也是在好市多買的。好市多的保固期長，售後不用多說就能輕易退換貨的制度也很棒。

焦點｜美國企業

好市多（Costco）

美股交易代號：COST（NASDAQ）

　　販售必需消費品的好市多成立於 1976 年，總部設在華盛頓州伊瑟闊。在美國、波多黎各、加拿大、英國、墨西哥、韓國、日本、

澳洲、西班牙、法國、冰島、中國、台灣等地設有倉庫型賣場，以會員制的方式經營。

除了食品等大部分的必需消費品，好市多也販售家電產品、健康／美容用品、五金、庭園用品、輪胎、體育用品、玩具、辦公用品、汽車用品、寶石、手錶、家具等，還有經營藥局、眼鏡店和 636 間加油站，提供線上宅配服務，也銷售旅遊商品。截至 2022 年 8 月，旗下經營 815 間會員制倉庫型賣場，賣場遍及全球，美國全境有 564 間，幾乎各地區都有。目前有 28,800 萬名僱員。預計 2022 年的銷售額為 2,264.2 億美元，2023 年為 2,453.1 億美元，2024 年為 2,610 億美元。截至 2022 年 8 月，每股盈餘為 13.13 美元，2023 年預計為 14.52 美元，2024 年為 16.06 美元。截至 2022 年 8 月，本益比為 41.38，高於同業平均值 19.96，略有高估。銷售額有望在 3 年內增加 13.29%，

> 高於同業平均值 6.44％。預估每股盈餘成長
> 11.84％，高於同業平均值 8.52％。毛利率為
> 12.40％，股東權益報酬率為 30.58％，非常
> 優秀。股息為年息 0.66％，按季（2 月、5 月、
> 8 月、11 月）支付。

　　2016 年至 2017 年，股市也開始大幅反彈。利率每次調升 25 個基點（1 碼），以有時間間隔的方式緩慢升息，與最近不同的是，當時通貨膨脹穩定變動在 2％以內，失業率也逐漸下降。那個時期，我每年可以獲利 10％左右。當時，蘋果、微軟、Google、亞馬遜、網飛、臉書等科技巨頭大幅成長。原本股價 20 美元左右的蘋果（分割後），迄2018 年初上漲到 50 美元左右，網飛從 100 美元左右上漲到 400 美元，亞馬遜從 30 美元左右（分割後）上漲到 100 美元左右，Google 從 35 美元左右（分割後）上漲到 60 美元左右，微軟從 40 美元漲到 110 美元，臉書從 80 美元上漲到 200 美元左右。

2018 年，再度颳起的寒風

　　自 2018 年起，家裡開始發生奇怪的事。原本停得好好的 Prius 電力耗盡，沿著自宅車道往後滑，撞壞隔壁人家的圍籬。隔壁人家剛剛才將使用十幾年的木頭圍籬換新一天而已。最後，車子毀損，得買新車，要幫隔壁人家的圍籬換新，連圍籬後面的倉庫也要修繕。此外，房子的地下室又突然進水，需要修理。

　　這時，聽說紐澤西州羅格斯大學法學院釋出可成為終身教授的好職缺，於是前往面試。很幸運的，我得到錄取通知，與內人商議良久後，決定赴

任。內人認為原本任教的學校很好，一開始並不想離開。但是，1895 年成立的學校突然被其他學校合併，教授全被辭退。各種不好的事不斷發生，在混亂當中，我們自然而然搬到曼哈頓旁邊的紐澤西州。這是我人生的第 5 個城市，又是另一個起步，當時，我 45 歲。

我們在從紐約曼哈頓渡過哈德遜河的河岸城市艾奇沃特承租月租公寓，住了一年左右。許多去曼哈頓上班的人住在此地，或許因為這樣，這裡有很多大樓公寓，日系三和超市 Mitsuwa Marketplace、全食超市、喬氏超市 Trader Joe's、目標百貨、T.J. Maxx 等購物中心非常發達。這裡距離韓國超市與餐廳聚集的李堡、帕利塞茲公園、里吉菲爾德也只有 10 分鐘的車程，非常鄰近。當時公寓的月租是兩房 3,000 美元左右，雖然有點偏貴，但住得很滿意。

沿著哈德遜河畔散步，眺望落在曼哈頓一側的晚霞，頓覺心曠神怡。來到世界經濟與文化中心曼哈頓的附近，我有好一段時間為此雀躍不已。偶爾

在週日跨去停車免費的曼哈頓，造訪紐約大都會藝術博物等處，漫步於中央公園與時代廣場，到雀兒喜市場吃墨西哥塔可餅兼採買，走在第五大道和紐約中央車站之間瀏覽街道櫥窗，在布萊恩特公園的藍瓶買杯咖啡，在麥迪遜廣場吃 Shake Shack 漢堡，逛逛聯合廣場的小農市集攤位，如此享受悠哉的閒暇時光。

2018 年，房價暫時低靡不振，未成功以理想價格賣出波士頓的房子。因此，紐澤西州的房子是租的，我格外感受到在美國賣房子是多麼困難的事。此外，遠距管理租客和房屋比想像要多加費心。鍋爐爆炸，得請鍋爐工來換新，蜜蜂跑進屋裡，也得請來害蟲防治專家。後來，決定要賣房子，回去一看，發現租客任意油漆，養大型狗，把房子和庭院弄得一團糟。見到此景，我對人性很失望。

幸好，到了 2019 年春天，房價再次上漲，購買者也出現，我把波士頓的房子賣掉，同時在曼哈頓郊區的特納夫萊買房，那裡又安全又學區好，從

此得以安頓下來。可能因為冬天剛過且及早行動，我以些微折扣的價格購得特納夫萊的房子。慶幸的是，即使歷經新冠肺炎疫情，截至 2022 年，房價依然上漲 30％左右。

　　如果仔細觀察當時的美國股市，聯準會從 2018 年起開始縮減資產負債表，加上美中之間的矛盾，導致股市大幅波動。我的投資組合也大跌，出現負成長。2017 年川普就任總統，川普政府初期的股市因法人稅等的減免而大幅上漲，但漸漸開始牽制中國後，股市開始下跌。2018 年 3 月，最後川普政府針對進口美國的中國產鋼和鋁加徵關稅，分別徵收至 25％和 10％。美國貿易代表辦公室（USTR）自 2017 年 8 月起開始調查，2018 年宣布對達 600 億美元的中國產品課徵 25％的關稅。2018 年《華爾街日報》曾在頭版報導中國股市的大幅暴跌。

第二章

現在：危機克服記

2020 年新冠肺炎疫情，
絕望，卻是機會

2019 年，美中貿易戰正酣之際，傑洛姆·鮑爾 Jerome Powell 領軍的聯準會怕經濟惡化，三度調降基準利率，每次調降 25 個基點 [15]。利率從 2.5％降至 1.75％。以個人消費支出 PCE 為基準的物價上漲率也從 1.7％迄年末升至 1.9％，實質利率停留在 0％左右。鮑爾稱之為「貨幣政策循環的中期調整」 Mid-Cycle Adjustment 。幸好市場情況有所進展，股票大幅上漲，我的投資組合收益也有斬獲。

15　譯註：即三度降息，每次調降 1 碼。

　　對 2019 年印象最深的事，則是漫步在學校所
處城市紐瓦克的軍事公園。四周歷史悠久的大廈林
立，眼望藍天白雲，沿著翠綠草坪走在公園裡，感
覺十分療癒，心情格外愉悅。當然，我不是單純喜
歡散步。還在波士頓的時候，我就透過波士頓援助
使團長期協助公園街友，來到紐澤西後，我也在找
自己可以做點什麼。每天中午，我會到公園繞一
繞，問候坐在長椅上的街友，與他們聊聊天。彷彿
被引領至該處一樣，我心懷喜樂，為他們準備現金
與食物，盡棉薄之力，向他們伸出援助之手。

　　在那裡附近的教堂，有一處運營「聖約翰湯廚
房」，每天向街友和窮人分發食物。儘管紐澤西是
美國最富裕的州之一，但紐瓦克是紐澤西最貧窮的
城鎮。午餐時間，我經常到聖約翰湯廚房與義工交
談。週末也偶爾來幫忙備餐與分發。聖誕節或感恩
節時，我也會與教會青年一起去分發裝有手套、襪
子、食物等的禮物袋。我再次感受到，分享愛的生

活是多麼幸福喜樂。埃里希‧弗洛姆[16] 和亨利‧盧雲[17] 所謂的愛，可不是這樣嗎？

可惜，喜悅是短暫的。更令人恐懼的東西正步步逼近。2020 年 1 月，開始傳出源自中國的傳染性肺炎疫情。1 月底，韓國也以大邱地區為中心，出現眾多新冠肺炎病例。2 月 11 日，世界衛生組織將該傳染病命名為「Covid-19」。自 2 月中旬起，美國也開始出現新冠肺炎病例。許多人戰戰兢兢，開啟居家模式。我去學校和公園也只到 3 月初，之後很長一段時間無法去紐瓦克。

16　譯註：Erich Fromm，弗洛姆（1900-1980）是著名的德裔精神分析學家，擅長以社會心理學的角度，分析現代資本主義下人類的精神狀態。經典著作《愛的藝術》深刻探尋愛的真諦，書中主張「愛」是天性，每個人都需要給予愛和接受愛。惟有通過彼此的愛和諒解，人類才能緊緊結合在一起，度過目前世界性的危機。

17　譯註：Henri Nouwen，盧雲（1932-1996）為荷蘭天主教神父，曾任教於美國聖母院大學、耶魯大學和哈佛大學，後來加入「方舟團體」（L'Arche）在加拿大多倫多市郊的「黎明之家」（Daybreak），服務身心障礙人士直到安息主懷。他也是著名的靈修及牧靈神學作家，一生著作等身，對於愛與生命有真實而深刻的洞見。

　　當時，內人與我開車載著 4 歲的孩子，為了購買清潔劑，輾轉於目標百貨、Face Value 等全社區的賣場，卻只能買到小型的攜帶式清潔劑，在 eBay 之類的網路市場，價格已經暴漲，但再貴也只能訂購。我還清晰記得在三和超市前急尋酒精的白人老夫婦，他們似乎是買不到清潔劑而想改購酒精。

　　在一片混亂中，內人運氣很好，得以將口罩從日本空運來。參加全體教授會議時，只有我戴著口罩出現。當時在美國，無人戴口罩，我問一位教授原因，他說是文化不同。所以，我也得一一向人說明，我是為了保護自己而戴，並非因為生病才戴。後來，4 月初政府下達外出要佩戴口罩的行政命令，但要美國人戴口罩著實花了很長一段時間。

　　自 3 月中旬起，美國各地對學校、餐廳等下達封鎖令。我也是從 3 月中旬開始居家工作。後來在 3 月底，我將妻女送到防疫有成的韓國躲避疫情。此後直到 2021 年 6 月接種疫苗為止，我獨自在恐懼中度過一年半左右。購買食物與生活必需品的頻率

也減少到每月一兩次，而且還是戴口罩、戴手套，迅速完成購物就出來的方式。回到家後，總是又再洗澡，用清潔劑重新擦一次購買的物品。許多人在疫情中喪生，紐約冷凍卡車上滿是屍體，電視上實況轉播在哈特島以挖土機掘坑作為大規模集體墓地的場景。在兩年多的時間裡，美國逾 100 萬人因新冠肺炎喪生，全世界逾 640 萬人死亡。這是可怕又令人遺憾的現實。

　　將家人送到韓國後，我鎮日守在家裡，時間多的是。我心想，無論如何，得做點有建設性的事。在那時期，YouTube 的人氣旺到最顛峰，舉凡每個家族就有一人經營 YouTube，十分熱門。我也好奇究竟開設 YouTube 會如何，決定試試看。自 2020 年秋天，我在 YouTube 上開設《半教授 TV》頻道，專題名為「給女兒的話」，開始分享生活智慧。當時認為自己也可能染疫而死，所以像交代遺言般向女兒留下各種叮嚀。訂閱人數未如預期增加，對女兒的絮絮叨叨也幾乎說完，這時，我想不妨來聊一

聊長期關注的經濟和股票。因此，自 12 月冬季，我再開設《美國投資故事》頻道，開始討論經濟與股票。其中蘊藏的心思是想向女兒傳承經濟、金融知識，盼望即使我不在，她也能順利實現經濟獨立。

新冠肺炎疫情導致眾人留在家中。同時，《機器磚塊》^{Roblox} 等遊戲，網飛 ^{Netflix}、迪士尼頻道 ^{Disney+} 等串流平台，Zoom、網迅 ^{Webex} 等視訊互動軟體大受歡迎。微軟執行長薩蒂亞‧納德拉 ^{Satya Nadella} 曾表示，由於新冠病毒的緣故，未來提前了兩年。軟體、半導體、資訊科技等在那斯達克上市的股票，被稱為成長股，迄 2020 年末股價大幅上漲，2021 年仍以大型成長股為主延續此一勢態。

當然，莫德納、輝瑞、默克、強生等製藥公司也大獲投資者青睞。甚至開發出口服藥的輝瑞和默克，至今依然維持動力。隨著疫苗、快篩試劑、治療藥物的開發，生技公司也重新受到關注。

焦點｜美國企業

輝瑞（Pfizer）

美股交易代號：PFE（NYSE）

輝瑞成立於 1849 年，總部設在紐約，是以研究為基礎的生物製藥公司。輝瑞從事生物製藥與相關商品的發現、開發、製造、行銷、販賣與銷售。公司業務包括心臟與痛症相關內科用藥、生物學、小分子、免疫治療、生物相似性藥品；專利到期之生物醫藥品的仿製藥等抗癌治療劑、Pfizer CenterOne[18] 與傳染病預防、注射劑等醫院相關商品，以及關節炎、Covid-19 等疫苗、罕見疾病、免疫相關藥物。

截至 2022 年 8 月，銷售額為 1016.5 億美元，每股盈餘達 6.49 美元的紀錄。本益比

18　譯註：Pfizer CenterOne 是輝瑞的委託開發暨製造服務（Contract Development and Manufacturing Organization；CDMO）機構。

為 7.57，股價淨值比為 3.15。銷售成長率達 83.74％的紀錄，預計 3 年內將增長 23.58％。雖然每股盈餘增長 137.33％，但預計今後 3 年內將增長 33.14％。毛利率為 62.75％，股東權益報酬率為 37.4％。股息率為 3.26％，按季（3 月、6 月、9 月、12 月）支付。

焦點｜美國企業

默克（Merck & Co. Inc.）

美股交易代號：MRK（NYSE）

　　默克成立於 1891 年，總部設在紐澤西，是透過製藥、疫苗、生物治療和動物健康產品提供健康解決方案的醫療保健公司。默克的產品有預防與治療精神疾病和癌症等疾病的健康製藥產品、具兒童／青少年／成人組合的疫苗

產品、負責發現／開發／製造治療動物疾病之製藥的動物健康產品。

　　預計 2022 年銷售額為 585.7 億美元，2023 年為 574.3 億美元，2024 年為 600.3 億美元。預計 2022 年的每股盈餘為 7.37 美元，2023 年為 7.46 美元，2024 年為 8.53 美元。雖然銷售成長率達 30.21％的紀錄，但預計今後 3 年內將成長 8.82％。預計每股盈餘將增長 22.32％。毛利率為 70.77％，股東權益報酬率為 43.42％，本益比為 12.49，股價淨值比為 5.39。股息率為 3％，按季（1 月、4 月、7 月、10 月）支付。

因疫情蓬勃發展的電子商務

在新冠肺炎疫情影響下，最受惠的市場應該是電子商務。由於封鎖措施，人們採居家生活。直到 2021 年 6 月開始接種疫苗為止，所有的事都只能在家中做。我也是在家運動，在家工作，在家開會，在家線上講課，連外出購物都避開，改在網上訂購食物和生活必需品等。

像我自己是加入亞馬遜 Prime 會員，享受免費的快速宅配優惠。在亞馬遜上訂購香皂、牙膏、洗髮精、燈泡、維生素、藥、膠帶、書、麥克風、鞋子、床墊、割草機、電鑽等。新款三星摺疊手機也

可以在百思買網上購買。沃爾瑪、目標百貨、家得寶等傳統生活必需品販賣公司，皆可網上訂購，甚至提供宅配服務。所以，亞馬遜、Shopify、Etsy 等網路商店也嶄露頭角。

截至 2021 年，電子商務市場規模為 4,522 億美元，預計屆 2027 年將成長至 16 兆 2,156 億美元，年均複合成長率預計將擴大為 22.9%。

焦點 ┃ 美國企業

亞馬遜（Amazon）

美股交易代號：AMZN（NASDAQ）

亞馬遜經營網路與實體賣場，提供消費者訂閱服務。亞馬遜製造與販賣電子書閱讀器 Kindle、平板電腦 Fire Tablet、智慧電視 Fire TV、智慧喇叭 Echo、智慧視訊門鈴 Ring，以及開發與生產媒體內容。亞馬遜經營消費者服務中心，輔導賣方廠商發展事業，並且代為

處理接受訂單的業務，使廠商得以透過網路商店販售產品。亞馬遜也向各種規模的開發者和企業給予協助，其中包括新創企業、政府部門、學校等，透過亞馬遜網路服務的雲端服務，提供電腦、儲存、資料庫、分析、機器學習等全套技術服務。

　　亞馬遜在 1994 年創立於華盛頓州西雅圖，目前正以北美和全世界為對象展開事業。截至 2022 年 8 月，僱用員工為 160 萬 8,000 多名。2021 年的銷售額為 4,698 億美元，淨收益為 333 億美元。每股盈餘為 3.24 美元，2022 年則由於各種供給問題、匯率、通貨膨脹等因素，預計寫下 0.05 美元的紀錄。但展望 2023 年為 2.29 美元，2024 年為 3.91 美元，2025 年達 5.20 美元的紀錄。目前還沒有配股息。預計 2023 年將達本益比 54.05，銷售額成長 16％，EBITDA 成長 17.30％，預計 5 年

的年均複合成長率為 34.2%。亞馬遜的獲利
能力非常好，目前毛利率為 42.65%，營業
現金持有 355.7 億美元。對照企業有中國的
阿里巴巴、京東商城（JD.com）、加拿大的
Shopify、韓國的酷澎（Coupang）等。

新冠肺炎疫情時期的投資與因應

　　投資方面，我的內心感到惶惶不安，於是在2020年2月中旬，將所有股票轉移到債券市場。過沒多久，2020年2月20日前後即發生一事，我記得十分清楚。股市以驚人的速度崩跌一週左右。扣除生活費後進行投資的帳戶，我已換成現金，退休帳戶也全部轉移到債券市場，所以自覺安心，但在股市崩盤的次日，債券市場也徹底暴跌。那天，我把所有債券都轉到美元現金市場。

　　3月中旬以後，市場逐漸反彈，我察覺到此時是機會，於是將全部現金一點一點投入標普500指

數（S&P 500）成長股的指數股票型基金（ETF）。原已換成現金、占整體投資組合 3% 左右的生活費帳戶，起初投入銀行股、信用卡公司、科技巨頭（臉書、蘋果、網飛、亞馬遜、微軟、Google、輝達）等，後來深受特斯拉的魅力吸引，遂在其股價為 140 至 180 美元時（分割後）悉數投入。至於女兒的帳戶，也為她另外開立銀行的個人退休金帳戶（一年最多可投入 6,000 美元，享受稅金優惠的帳戶），以及購買特斯拉和蘋果的股票。

退休金在 2020 年的獲利為 30%，2021 年為 21%，生活費帳戶在 2020 年的獲利為 120%，在 2021 年為 10%。截至 2022 年，女兒帳戶裡的特斯拉股票上漲 6 倍以上。2021 年，拜登政府就任，大型成長股和價值股強勁上揚。我從 2020 年末開始投資中小型成長股，直到 2021 年 2 月末獲利良多。但自此以後，中小型成長股一整年反覆上下波動，持續困在箱型區間盤整，自 11 月起開始大跌。我判斷是 11 月初市場過熱，所以將中小型成長股的比重減

少 30％左右，12 月末為了處理稅金損失，暫時做了整理。因此，我得以幸運地順利挺過次年 1 月來臨的調整期。

2022 年，緊縮的開始：
高利率、高物價、高匯率

自 2022 年 1 月 2 日起，許多事情發生變化。雖然在某種程度曾預想過，但市場變動的速度比想像來得更快。中小型成長股從 2021 年 11 月起開始受到調整，大型成長股和價值股則是從 2022 年 1 月初開始。2021 年末，新冠病毒 Omicron 變異開始蔓延，加上又傳出聯準會擬停止量化寬鬆，即將開始縮減購債[19]的預測。直到當時，聯準會依然按照預訂持續購買

19　譯註：Tapering 縮減購債的作法是聯準會逐步減少購買債券的規模，使資產負債表膨脹的速度減緩，直到停止購債後，資產負債表維持規模、不再膨脹，這是比縮表更溫和的貨幣緊縮政策。

債券和投放資金。

　　2021 年夏天結束之際，Delta 變異病毒擴散，通貨膨脹再次加劇。不過，聯準會仍維持現有政策，繼續投放資金。聯準會預測通貨膨脹是暫時性。但出乎意料的是，Delta 變異和 Omicron 變異擴散，全球供應鏈問題未獲解決，形成嚴重問題。原本主張通貨膨脹是暫時性的聯準會，這時開始逐漸失去信任。市場籠罩在恐懼中，擔憂聯準會將藉由升息和縮表（將買入的債券再次售出市場）開始量的緊縮。當時傳聞這次不是採取 2015 年逐次上調 25 個基點的方式，而是一次上調 50 個基點，因此市場暴跌。股市自 2022 年 3 月短暫反彈後，暴跌 20％以上，迄 6 月進入熊市。

　　當然，情況比 2015 年更糟糕。雖然在 2022 年，聯準會像 2015 年一樣進行量的緊縮，但 2014 年的通貨膨脹率僅為 1％左右，並不嚴重。然而，2022 年的通貨膨脹非常嚴重。2021 年 6 月，通貨膨脹創下 40 年來的最高紀錄 9.1％。超市販售一打雞蛋的價格從 3 美元上衝至 7 美元左右，汽油從每加侖平均 3 美

元漲到 5 美元。最後，聯準會在 2022 年 3 月、5 月、6 月、7 月、9 月分別上調 25、50、75、75、75 個基點，將基準利率上調至 3.25％。此後，又預計在 11 月和 12 月分別上調 75、50 個基點，基準利率將上升到 4.5％左右。截至 2022 年 9 月，10 年期國債利率和 2 年期國債利率分別升至 4％和 4.3％左右，債券利率暴升，債券價格暴跌，美元價值持續上升，美元指數來到 114 左右。以成長股為主的那斯達克，感受到利率的沉重負擔，暴跌 30％以上，歷經調整。

焦點　美國情報

聯邦準備理事會（Federal Reserve Board；Fed）

　　聯邦準備理事會（簡稱聯準會）是美國的中央銀行，負責美國經濟的有效運作。聯準會實施貨幣政策，旨在達成美國經濟的充分就業（失業率為 3.5％左右）、物價穩定、適當且中立的長期基準利率。聯準會積極觀察美國與

海外市場，進行干預，竭力控制系統性風險，將風險降至最低，力求金融市場的穩定。此外，聯準會也致力於增進個別金融機構的安全和健全性，全面監督這些機構對金融市場的影響，以及促進美元交易和支付體系的安全和效率，保護美國消費者，發展區域共同體，管理相關法律。聯準會的影響及於聯邦準備銀行存款準備金的供需，擁有變更聯準會基準利率的權力。聯準會基準利率，係向提存存款準備金之機構提供貸款的利率。聯準會基準利率的變化會影響其他短期利率、匯率、長期利率、貨幣量和信用，最終影響及於就業、生產、商品與服務的價格。2022 年聯準會理事會主席是傑洛姆‧鮑爾 Jerome Powell ，副主席是萊爾‧布蘭納德 Lael Brainard 。

　　聯準會轄下的聯邦公開市場委員會，係 1913 年《聯邦準備法》為樹立準貨幣政策而

成立的委員會。如果說聯準會理事會）負責貼現率和法定準備金，聯邦公開市場委員會則負責公開市場的運作。聯邦公開市場委員會由12名委員組成，7名是聯準會理事會的成員，1名是規模較大的紐約聯邦準備銀行的總裁，4名由其餘11家聯邦準備銀行總裁輪值一年任期，他們來自以下4組，每組1席：波士頓、費城和里奇蒙；克利夫蘭和芝加哥；亞特蘭大、聖路易和達拉斯；明尼亞波利斯、堪薩斯城和舊金山。2022年為克利夫蘭、波士頓、聖路易、堪薩斯城，2023年為芝加哥、費城、達拉斯、明尼亞波利斯，2024年為克利夫蘭、里奇蒙、亞特蘭大、舊金山，2025年為芝加哥、波士頓、聖路易和堪薩斯城。截至2022年10月，聯邦公開市場委員會已在1月、3月、5月、6月、7月、9月集會6次，之後預訂還將在11月、12月再集會2次。聯邦公開市

場委員會透過該集會，討論經濟／金融條件、適當的貨幣政策、價格穩定和持續性經濟發展的風險，並且決定政策。

2022 年 2 月 24 日，全球市場又爆發一起意外事件。俄羅斯非法對烏克蘭發動戰爭。這是繼 2014 年吞併克里米亞半島後的第二次武力活動。無論是美國人或俄羅斯人，任誰都沒有預料到會發生戰爭。拜登總統在戰爭前夕警告俄羅斯準備戰爭，但誰都不相信會開戰。學過國際法和國際政治的我也無法置信。俄羅斯也表示，前往邊境的軍事移動是一種演習。然而，俄羅斯最終以烏克蘭不保持中立，加入北約為藉口發動戰爭。

全球股市再度歷經暴跌，包括天然氣和原油在內的原料和糧食價格暴漲。因為知道美國本土未受攻擊的話，美國股市只會因戰爭而暫時受到調整，所以沒有大幅震盪。不過，股市在 3 月底看似暫時

穩定下來，但由於戰爭帶來的負面影響，原油價格持續上漲，加上通貨膨脹的壓力，股市持續進行調整。為了報復歐洲和美國的禁運措施，俄羅斯斷然實行關閉國營能源企業俄羅斯天然氣工業公司通往歐洲之天然氣管的措施。烏克蘭海路受阻，小麥出口之路被切斷，導致世界糧食價格飆升。不僅通貨膨脹，麥當勞、微軟等諸多美國公司撤出在俄羅斯的業務，對美國企業的銷售額產生不小的影響。

　　導致通貨膨脹和世界經濟不穩定的另一因素來自中國。2022 年 4 月初以來，中國的新冠肺炎病例開始激增。中國與其他國家不同，採取的是「清零」政策，遂開始封鎖和隔離包括上海在內的眾多城市。居民們連飲食都無法得到正常供給，只能在嚴格封鎖下求生，直到 5 月。

　　被稱為「世界工廠」的中國，工廠一度停擺。在共產黨體制下，歷經新冠肺炎疫情後變得更加威權主義的中國，似乎認為疫情失控會對維持體制造成威脅。中國開發的疫苗未能有效抵禦變異病毒。由於中

國疫情再起，加上封鎖措施，中國生產的大量產品和零配件供給斷絕，更進一步助長通貨膨脹。美國聯邦準備理事會也持續強調這一點為通貨膨脹的原因。

同時，中國一有空就準備攻擊台灣，不時發射火箭等進行武力示威。美國也不甘示弱，而美國政權第三號人物眾議院議長南希・裴洛西 Nancy Pelosi 訪問台灣，更加鞏固中國會攻打台灣的信念。習近平統治下的極右中國，與牽制中國的美國之間，矛盾進一步惡化，高盛等美國投資銀行下調中國的投資等級。

此一時期的匯率也大幅上升。與歐元、英鎊、瑞典克朗、瑞士法郎、加拿大元、日圓六國貨幣作相對評比的美元指數 US Dollar Index；DXY，年初在 95 左右，7 月、8 月、9 月分別上衝到 107、108、114 左右。如果出現通貨膨脹，美元價值下降才是正常的，但其他國家的通貨膨脹也很嚴重，而且擔憂是停滯性通貨膨脹。英國和歐洲的消費者物價也上漲達 10%左右。經濟相對較好的美國，失業率達 3.5%，美元持續走

強。升息和縮表也使市場上的貨幣減少，投資資金離開不穩定的股票和債券市場，湧進美元現金市場。

我認為，在通貨膨脹、高利率、高匯率時代，投資美股是合適的。由於物價上漲，持有資產是正確的，而聯準會採通貨緊縮政策，加上美國經濟的相對強勢，匯率將持續上升，不易下跌，所以持有美股還能賺取匯差。在新興國家市場，投資資金會流失的情形更自不待言。由於基準利率持續上調，債券利率也隨之上升，債券價格下降。雖然在高利率下，成長股會受到未來利潤折現率上升的影響，但預計防禦型價值股和大型成長股將不受升息影響，繼續綻放光芒。

在這段時期，從年初起，我投資以標普 500 指數為追蹤標的之 SPY 或 VOO 等退休金基金，開始防禦。雖然股市反覆暴跌，但迄 8 月底的績效為 –14％左右，防禦良好。相較於標普 500 指數跌到 –20％附近，似乎達成 α 值。通常，Alpha 策略是將指數乘以本人投資組合的風險度 β 值後，計算出相較於此的績效表現多好。若投資組合與一般基

準指數相同時，如與標普 500 指數相同時，β 值給定為 1，稍有風險的話，如 β 值為 1.2，高於 1。標普 500 指數若上漲 5％，以「5×1.2」來計算，必須獲利 6％才正常。不過，如果獲利 10％，更高於此，則可視為 α 值達 4％，評估這是成功的投資。但若覺得這樣的計算複雜，可以簡單將 α 值視為和指數相比是多少個百分點來看。

我以月薪支出的定期定額投資，買入持續下跌的成長股，迄 8 月中旬已可獲利甚豐。此外，我的生活費帳戶 60％以上集中於特斯拉，自 6 月起也得以享受迎來的夏季上升期。還有，在 8 月中旬，標普 500 指數上漲到 4,300 附近，VIX 指數 [20] 也降至 20 以下，市場似乎有點過熱。所以我在策略上，將

20　譯註：VIX 指數（Volatility Index）又稱為「恐慌指數」，是芝加哥選擇權交易所（CBOE）在 1993 年推出的指數，用於衡量史坦普 500 指數選擇權未來 30 天內的隱含波動性與期望走向。當 VIX 指數越高，意味著未來 30 天的股市波動幅度大，可能有大量的買進、賣出；反之，當市場認為未來 30 天股市穩定，波動幅度小，則 VIX 指數會下跌，或維持相對低點。

現金比重提高至 50％。

　　原本直到 8 月，基準利率預測將達 3.75％ 左右，但繼聯準會主席鮑爾 8 月底在傑克遜霍爾全球央行年會上的演說（藉此可以窺見美國的長期貨幣政策）之後，預測值開始上調。儘管消費者物價指數降至 8.5％，但聯準會主席鮑爾的發言蘊含了即使會經歷痛苦也要控制通貨膨脹的強烈意志，導致股市凍結。2022 年 9 月 13 日，消費者物價指數降至 8.3％，但數值高於預期，市場進一步趨冷。預計到 2022 年底，基準利率將上調至 4.5％ 的水準。展望 2023 年，偏高的基準利率將導致經濟衰退。截至 9 月 19 日，標普 500 指數已跌至 3,840 左右，每次接近支撐線時，我都會買入一些股票，目前現金比重為 20％ 左右。緊繃的市場恐懼高漲，今後還可能進一步下跌，但盼望退休的我，現在持續買入的不是適當股價的股票，而是大幅下跌的股票。

第三章

未來：第四次工業革命與投資

2015 年開始接觸的新技術

　　從 2011 年到 2018 年，在所謂第四次工業革命的變化時期，我住在波士頓，這件事本身就是一種祝福。美國的 95 號高速公路貫穿南北，從邁阿密到北方的緬因州，經過波士頓時分為貫通市中心和環繞外圍的兩條道路。環繞市郊外圍的道路稱為 128 公路，公路周圍聚集許多成長技術型新創企業。作為美國學術中心地，波士頓匯集了哈佛大學、麻省理工學院、塔夫茨大學、波士頓大學、東北大學、波士頓學院等 40 餘所大學，這裡培養出具有卓越能力的科學家、技術人員、生命工程師等，在劍橋和

128 公路鄰近的眾多企業持續從事發明與革新。

　　自 2015 年起，我開始參加東北大學主辦的技術博覽會。從 2010 年代初期「新常態」的概念登場開始，我就持續關注與課程相關的新技術。然後，2017 年在波士頓，我親身體驗到擴增實境之類硬體領域內意想不到的技術發展。在此之前，我關注的是 Web 2.0 等社群媒體和智慧型手機的出現，專注於各種軟體應用程式的使用。然而，世界的變化比這些更快。

　　儘管知道 Google 已試圖開發擴增實境眼鏡而失敗，但當時試戴的擴增實境眼鏡，確是名副其實的震撼經驗。戴上眼鏡後，就像戴太陽眼鏡一樣，視野變暗，然後在稍遠的地方出現畫面。把手伸向前方，動一動手指頭，接著跳到下一個畫面，畫面也可以點擊。原本是在湯姆・克魯斯主演電影《關鍵報告》中才能接觸到的現實，開始具體化為實際。雖然不是完美技術，還有不自然的部分，但感覺世界比想像中進步得更快。

截至 2022 年，我接觸到擴增實境已逾 5 年。2015 年，工程師暨經濟學家克勞斯‧施瓦布 ^{Klaus} ^{Schwab} 博士提出所謂的第四次工業革命，從此廣為人知，而現在，第四次工業革命正走向高峰期。如果說原有的工業革命透過採用蒸汽機、電氣與鐵路、電話、電腦等新技術，在生產和通信等方面提高產業效率，第四次工業革命則開始全面改變現有的產業結構，為產業資本主義帶來根本性的變化。

代表第四次工業革命的人工智慧、機器人、基因編輯、自動駕駛、奈米技術、大數據、量子電腦、自然語言處理、5G、物聯網、3D 列印、太空產業等，正在打破我們所見所感的世界、數位世界、生物學世界之間的界限，開始從根本動搖人類壟斷的產業領域。自動化正以等比級數加速，機器和機器之間的溝通正在大規模發生。即使沒有人類，人工智慧也能分析資料、決定和預測。影響橫跨組織的水平／垂直全部領域，包括產品的開發與製造、配送與行銷、服務、企劃、宣傳、人事等。

　　在我們不知不覺之間，技術使用正在超越經濟、產業，擴散到政治、社會、文化的各個領域，改變人類的體驗方式，改變這個世界。我們所見所感的世界，正處於與數位世界元宇宙融合的過程，現實與數位世界混合形成的擴增實境已經具體成型，實際運用在產業和日常生活中。現在，看世界的模式已經產生變化，技術政策已達必須反映如此變化的時期。

第四次工業革命

　　隨著第四次工業革命的開始，當今世界正歷經諸多變化。人工智慧、機器人、自動駕駛、物聯網、大數據、5G、自然語言處理、雲端服務等，這些第四次工業革命的變化始自 2010 年代，我們已經正在體驗經歷。如果說先前的工業革命是出現有利於人的技術而發生的變化，第四次工業革命則基本上是由新技術取代原有人類角色的變化。正如微軟執行長薩蒂亞·納德拉所言，2020 年 2 月新冠肺炎疫情發生後，人們的認識有重大變化，我們的未來也進一步提前。

　　人們逐漸將居家辦公視為理所當然，開始對空間與勞動力有新的認識。自 1970 年代以來，依據摩爾定律，技術呈指數式發展，生產成本大幅降低。人工智慧的發展也會在 30 年後通過奇點 Singularity，最終脫離人類可以控制的領域，進入超級智慧的階段。通用人工智慧不僅用於金融、自動駕駛、翻譯、情況診斷、天氣預報等某一領域，透過一次對多個領域的深度學習 Deep learning 實現多元智慧，再與機器人結合，將會發揮可怕的力量。

　　企業也在努力適應這樣的世界變化，做出改變。即使在 2010 年代的初期階段未能獲利的第四次工業革命相關企業，現在已透過大量生產實現規模經濟，獲得龐大收益。Google、蘋果、微軟、亞馬遜、Meta、輝達、特斯拉等企業，正在引領全世界的第四次工業革命。而且，它們在人工智慧、自動駕駛、元宇宙、擴增實境、雲端服務、電子商務、太空產業、機器人、無人機等各種領域，不斷增加研究開發費用。不僅僅大型科技巨頭，許多中小型

科技和軟體公司也為第四次工業革命作出貢獻。

　　長期以來作為我們生活必需領域的消費財、公用事業、能源和醫療保健公司，持續藉助技術發展，仍不斷獲得收益。不過，在 2025 年以後的 10 年裡，對我們的世界與生活產生更大影響的企業，將成為主導第四次工業革命的企業。因此，我們的投資方向也要順應此一變化。

　　進入 2022 年，由於通貨膨脹和各國政府的貨幣／財政緊縮政策，短期內成長股可能會遭遇困難。但考慮到 2025 年以後，以長期來看直到退休，在股價大跌時一點一滴累積起來也是明智的選擇。盼望大家努力學習，眼光放遠，從正面觀點投資股票，且長期持有。希望各位很快就有順利挑選出彼得‧林區所謂「10 倍股」（10 bagger；即能夠敲出十壘安打的股票項目）的眼光，並且能夠長時間耐心等待。

摩爾定律下，第四次工業革命
更快達成

　　第四次工業革命漸趨成熟，究竟它距離巔峰時期還有多遠？專家們預測，始於 2010 年代中期的第四次工業革命，最短將在 2025 年至 2030 年，最長將在 2050 年左右達到完成期。也有人認為短則在今後 10 年以內，理由是透過摩爾定律和規模經濟等，成本將會減少，同時技術會達到等比級數的發展。

　　摩爾定律係由英特爾的共同創始人戈登・摩爾 Gordon Moore 在 1965 年提出。他在分析英特爾處理器電晶體集成數量的成長時，規定技術發展要每 2 年成長 2 倍，年均成長率為 41％。隨著半導體記

憶體晶片的發展，電腦的性能也提升 2 倍，成本減半。如果說第四次工業革命的核心是大數據分析能力和人工智慧演算法的快速運算能力，摩爾定律暗示了第四次工業革命將很快到達頂峰。摩爾定律之外，再加上電信網路頻寬速度每年成長 2 倍的吉爾德定律 ^{Gilder's Law}，在在揭示第四次工業革命的高速發展。

隨著技術發展，第四次工業革命會快速完成的重要因素是成本。根據「摩爾第二定律」，或者稱「洛克定律」 ^{Rock's law}，初期的研究開發成本和製造測試成本等會隨著時間流逝，兩年將減少一半。此外，隨著機器人和人工智慧的發展，第四次工業革命的自動化速度加快，使大量生產成為可能。而透過大量生產實現規模經濟，就會產生節省成本的效果。生產累積 2 倍以上，成本會持續減少的「萊特定律」 ^{Wright's Law}，同樣支持這一個論點。相較於現有的「煙囪型」製造業的成長，人工智慧和電腦計算能力等軟體發展的成本相對較低，所以發展速度

肯定更快。

　　如上所述，第四次工業革命的技術發展呈等比級數，即乘方式的成長，相關成本也迅速減少，因此，第四次工業革命比想像更快滲透到我們的生活。2015 年，第四次工業革命一詞開始流行，7 年後的今日，全世界大大小小的企業已經推出諸多產品與服務。而且，實際上可以觀察到，也有許多企業如美國科技巨頭一樣，淨利潤創下高紀錄。

第四次工業革命投資者的兩道根本問題

在第四次工業革命如火如荼之際，當前我們可以提出的根本問題是：我們「真的應該投資第四次工業革命嗎？」。還有，「應該投資什麼樣的企業？」也是重要的問題。第一個問題的答案取決於投資者制定什麼樣的投資策略，第二個問題則可在創新擴散定律 Law of Diffusion of Innovation 中找到答案。

問題 1. 為什麼要投資第四次工業革命？

與第四次工業革命相關的企業，大部分都是在所謂的那斯達克或科斯達克上市的成長型企業。然

而，採取價值投資或配息股投資策略的投資者，對於投資風險性高的成長型企業有所克制。當然，已經大幅成長的蘋果、微軟、Google、亞馬遜等大型企業，可以見到價值投資者的關注。不過，與第四次工業革命相關的企業，大多仍停留在中小型的規模，受到成長投資策略家的青睞。凱西・伍德 ^{Cathie Wood} 的方舟投資 ^{ARK Investment}、孫正義會長帶領的軟銀，都是眾所周知的代表性投資公司。此外，貝萊德 ^{BlackRock}、先鋒領航 ^{Vanguard} 等退休金和對沖基金也積極展開成長股投資策略。當然，許多零售投資機構和個人也在投資成長股。

　　與第四次工業革命相關的成長股投資，只要公司成功，就有可能大幅獲利，但風險同樣也很高。與價值投資不同的是，許多公司還沒有淨利潤，無法計算股東權益報酬率，很可能會高估公司的內在價值與資產。若抱持目前的高本益比逕行投資，不僅變動性高，成長趨緩時，也有股價大跌的風險。此外，目前很多企業尚未獲利，常有無法計算每股

盈餘和本益比的情形。事實上，比起配發股息，大部分的成長型企業更傾向將收益再投資，以及發行更多的有／無償增資或債券。雖然它們擁有專利和技術能力，但從短期來看，大部分的企業仍必須在研究開發成本和生產設施擴充等多方面大量支出。

另一方面，如果在與第四次工業革命相關的新技術上作投資，便可與公司的快速成長同步，隨著股價快速攀升而獲得高收益。大多數成長股的本益比或股價營收比都非常高，且有逐年遞減的趨勢。例如，目前的本益比為 100，但過了幾年，很可能因高成長而降到 20 以下。

因此，在挑選新的成長型企業時，必須像價值投資者一樣做足功課。成長型企業經常不太曝光於媒體，特別是在韓國，有時得親自拜訪或致電瞭解資訊。所以，很多時候難以篩選找扭曲的資訊。像中國或以色列企業，由於語言上的限制，也有不易掌握資訊的情形。在缺乏可信任資訊下盲目投資，有時會蒙受巨大損失。遵循由主導賣空的研究機構

所發表的報告書，也可能受到重創。

　　投資與第四次工業革命相關的成長股時，基本上必須仔細觀察各季發布的公司收益。必須檢查公司是否持續提供良好的產品和服務，盈利是否持續成長。而且，還要觀察公司的利潤率，確認公司是否好好降低成本。銷售額增加時，如果無法節省成本，成長會有限制。此外，還要持續觀察接受投資獲得的現金消耗多快，透過檢視股東權益報酬率，觀察相較於投資金額，究竟創造多少收益。不僅要持續察看銷售成長率，還要觀看過去 3 至 5 年的股價趨勢，確認動量。動量不佳，可以解釋為機構和個人投資者對該股票不感興趣。因此，無論業績多好也會出現股價不漲的情形。

　　與第四次工業革命相關的成長投資者，看重今後的成長可能性，勝於現在當下的估值。所以，對於成長投資者來說，本益成長比成為比本益比更重要的價值指標。由於本益比並不考慮成長性，可能難以與其他企業作比較，所以本益成長比是把本益

比除以成長率的評定估值方式。例如，特斯拉截至
10 月的本益比為 78.23，看似太貴。如果本益比無
可能降到 20 以下，價值投資者（或量化投資者）不
會買。但是，若將 78.23 的本益比除以特斯拉的銷
售成長率 40％，就會出現 1.95 的本益成長比。同業
價值股通用汽車的本益比為 6，但除以成長率 2.09％
的本益成長比為 2.87。單以本益比來作比較，兩家
公司的差距看似高達 13.03 倍，但以本益成長比來
計算的話，特斯拉顯得更便宜。當然，本益成長比
高於 1，看起來還是高，但不會讓人覺得太貴。不
過，投資成長股時，宜採取的策略是在本益成長比
低於同業平均水準或低於 1 時買入。

問題 2.　有關第四次工業革命，應該投資什麼 樣的公司？

美國社會學家埃弗雷特・羅吉斯 Everett Rogers
在《創新的擴散》Diffusion of Innovations，1962 一書中
提出「創新擴散理論」的主張。這是創新在一個社

會體系內需要時間傳播（擴散）的概念。當某公司
將新的創新產品推向市場時，並非所有潛在客戶都
會購買該產品或服務。雖然在某些人眼中，創新與
創新性產品看起來很酷，早早就被接受，但某些人
卻不太感興趣。具體來說，首次推出創新產品時，
相當於整體人口 2.5％的創新者會率先接受，然後
是 13.5％喜歡新事物的早期採用者會接受。如果該
創新產品在某種程度上被認為還不錯，會有 34％的
早期跟隨者接受。占人口 34％的晚期跟隨者，則
在 50％以上的人口接受後，認為技術確實質佳，且
價格更便宜時會接受。當一項創新產品受大多數人
認可確實為好產品，且周圍的人接受時，他們也會
跟著接受。他們是風險規避傾向較高的人。剩下的
16％，稱為落後使用者，它們會使用先前用過的產
品，直到前產品不在市面為止。雖然市面已經推出
智慧型手機，他們依然使用 2G 摺疊式手機或過去
居家使用的有線電話，對於原有的技術完全不會感
到不方便。

　　在一項產品的循環週期中，時間上占人口16％的創新者（2.5％）和早期採用者（13.5％），與34％的早期跟隨者接受之間，存在巨大的鴻溝。能夠跨越該鴻溝時，創新才能取得成功。像現在處於第四次工業革命如火如荼之際，人工智慧、自動駕駛、自然語言處理、大數據、雲端服務等諸多創新產品，紛紛由加州矽谷或波士頓128公路的眾多成長型公司推出。然而，並非所有這些創新產品和生產這些產品的公司都能生存下來。跨越最早期消費者16％以後的鴻溝，直到及於早期跟隨者的34％，才成為獲50％以上人口接受的產品，要製造與宣傳這樣的產品，再透過大量生產來降低成本，獲取利潤，這真是具有挑戰性的工作。

　　因此，在挑選公司時，要觀察該公司推出的產品是否具備在同一領域內從競爭中生存下來，並且取得成功的競爭優勢。而且，絕對要考慮是否這是一國或全世界人口16％以上可以接受的創新產品。同時也要記住一點，雖然很多公司曾在2010年代初

期推出創新性的產品，但未能引起人們的關注，又無法得到持續性的投資，紛紛倒閉停業。蘋果、微軟、亞馬遜、Google、網飛、特斯拉等，都是順利熬過該時期而取得成功的企業。他們之所以能夠跨越創新的鴻溝而取得成功，原因不一而足。應是公司提供之創新產品的多重層面，如技術、設計、願景、企求目標等，吸引到大眾群體。現在 2022 年，我們居於第四次工業革命當中，如果短則在 2025 年至 2030 年之前，長則在 2040 年至 2050 年之前，順利找到能夠跨越創新的鴻溝而取得成功的企業，並且進行投資，該公司很可能成為 10 倍股企業，我們的退休人生豈不更加華麗有餘裕？

　　10 倍股是彼得‧林區著作《彼得林區選股戰略》One Up on Wall Street，2000 中出現的用語，係指使初期投資金額飆升 10 倍、敲出「十壘安打」的股票項目。下面的例子都是在過去 10 年或更短時間內上漲 10 倍以上的股票項目。

$ **特斯拉（TSLA）：**
　5.71 美元（2011 年 12 月 30 日）
　→ 105 美元（2021 年 12 月 31 日，1/3 分割後
　　的價格）

$ **蘋果（AAPL）：**
　14.46 美元（2011 年 12 月 30 日）
　→ 177.57 美元（2021 年 12 月 31 日）

$ **Google（GOOG）：**
　322.95 美元（2011 年 12 月 30 日）
　→ 2,893.59 美元（2021 年 12 月 31 日，1/20
　　分割前價格）

$ **亞馬遜（AMZN）：**
　173.10 美元（2011 年 12 月 30 日）
　→ 3,334 美元（2021 年 12 月 31 日，1/20 分
　　割前價格）

$ **微軟（MSFT）：**
　25.96 美元（2011 年 12 月 30 日）
　→ 323.01 美元（2021 年 12 月 3 日）

$ **Meta（FB）：**
　18.06 美元（2012 年 8 月 31 日）
　→ 376.26 美元（2021 年 8 月 27 日）

$ **網飛（NFLX）：**
　9.90 美元（2011 年 12 月 30 日）
　→ 199.87 美元（2022 年 5 月 3 日）

　　10 倍股通常意指具有爆發式成長性的股票，很可能是首次上市的企業、被低估或不知名的小型股，而蘋果之類的高價股票，成為 10 倍股的可能性很小。2012 年有 10 倍股潛力的企業，即使 2021 年成為 10 倍股，也不保證 2022 年以後再度成為 10 倍股。如果該企業繼續投資於研究開發，不處於競爭優勢，成長必然會趨緩。

　　10 美元的股票，如果以每年 26％的速度成長 10 年左右，很可能會超過 100 美元。若要如此成長，需要技術、稅金、競爭等公司的內外條件來支持。基本上，公司的盈利性、成本削減、高成長率等根本基礎必須堅實，才能保障 10 年間平均 26％以上的成長。此外，最好還具備以下條件：

> $　公司擁有獨特產品，內含能夠在競爭中取勝的創新技術。
>
> $　公司擁有受專利保護的新技術，讓競爭對手長時間難以企及。

> $　公司主導未來 10 年的潮流趨勢，且是人口
> 　　16％以上可以接受的趨勢。
>
> $　公司在反壟斷等政府規制下依然游刃有
> 　　餘，能夠維持最近政府的友善政策環境，
> 　　如替代能源。
>
> $　公司擁有投資者的持續關注。

　　別忘了，10 倍股必須長久等待 10 年左右，雖然這可能在更短的時間內達成，但也務必謹記其高風險性。

　　經過如此不斷努力研究與學習，才能培養出挑選公司的好眼光。前往二手拍賣或遺物拍賣現場尋覓珍稀古董等寶物的眼光，係以有關歷史美術的長期學習為基礎，再積累親身經驗而培養出來。同樣地，發掘好公司也需要長期的經驗與研究。憑著好眼光選出的股票，就像一棵強壯的樹苗。直到我們退休，它會戰勝病蟲害，結實纍纍，最終成為帶來巨大收益的人生股票。

人工智慧

　　我從 2019 年開始研究人工智慧。2020 年，我在美國國際法學會發表以人工智慧與人權為主題的論文，也在《羅格斯國際法期刊》上刊載論文。我曾有機會在韓國的國際法學會、國會圖書館、韓國教員大學和慶北大學發表有關人工智慧的演講。當然，我也曾經進行相關投資。

　　第四次工業革命的中心是人工智慧。我們知道，人工智慧的概念是在 1931 年與無法證明的數論

一起出現[21]，1956 年約翰‧麥卡錫 ^{John McCarthy} 開始
使用此一用語。然而，總括來說，現代意義的人工
智慧包含了利用程式像人類一樣思考和學習的深度
學習、以需要人類持續干涉之資料為基礎的機器學
習。可以將之視為能夠用演算法預測未來、解決複
雜工作的電腦機器或系統。人工智慧演算法（計算
過程和規則）在與包含過去和現在大量資料的大數
據一起合作時，運作更有效。

　　人工智慧可以做出與人一樣的選擇，模仿人類
的理性想法。人工智慧能夠輔助工廠的機器人，讓
勞動密集的程序可以更有效率地執行。人工智慧也
能夠有效率地分析過去或現在的資料，透過持續的
深度學習，發現不規則之處，進行自然語言處理。
因此，若加以細分，人工智慧可分為能作預測的
「擴增智慧」、做出決定的「自主性智慧」、輔助勞

21　譯註：戈德爾（Kurt Gödel）於 1931 年發表的「不完備定理」
　　（Incompleteness Theorem），奠定了電腦與人工智慧的理論
　　基礎。

動機器人的「自動化智慧」、用於資料分析的「輔助智慧」。

　　人工智慧的發展並未就此結束。人工智慧可以發展為通用人工智慧。通用人工智慧，又稱為超級智慧，可視為演算法的集合體。超級智慧會發展獨立智慧，以解決多元領域的各種問題。也就是說，人工智慧不僅擅長下西洋棋或圍棋，而是成為在包括西洋棋、圍棋的任何領域都展現出卓越智慧的多重角色。專家預測，超級智慧將在未來 30 年至 50 年內開發出來，並且認為其問世將取代人類世界的大部分工作。

　　人工智慧使各個領域都受惠。正如霍華德・加德納 Howard Gardner 的多元智慧理論所示，音樂智慧、社交智慧、認知智慧、自然智慧、空間感知智慧、語言智慧、邏輯數學智慧等，全都可以取而代之。目前，人工智慧已應用在科學、技術、金融、健康、法學、環境、建築等廣泛領域。具體有風險評估、信用評估、診斷、標準執行、僱用、成績評

分、自動駕駛、臉部和語音辨識、雲端運算、電子商務、製造、農業、天氣預報、軍事活動、投資分析、遊戲、建設、設計、法學研究、醫療保健、課程輔助、祕書角色、小說寫作、作曲等。

人工智慧的發展仰賴大數據、處理能力、5G 等快速網路、開放原始碼軟體、自然語言處理等。透過深度學習，人工智慧持續學習，藉由失誤彌補弱點、提高性能。

雖然每個研究機構略有不同，但根據《環球電訊社》Globenewswire，截至 2021 年，全球人工智慧市場達 870.4 億美元。美國市場研究公司 Grand View Research 掌握其價值為 935 億美元。這類分析顯示，人工智慧技術正在迅速向產業傳播。預計從 2022 年到 2030 年，年均複合成長率將成長至 38.1％，2030 年的市場規模將達 1 兆 5,971 億美元。

產業對人工智慧的需求，集中在零售、銀行、金融、保險、醫療保健、食品、飲料、汽車、物流等，這些領域對全球人工智慧市場的成長產生巨大

影響。此外，製藥、生物領域人工智慧技術的採用，將對今後的市場成長產生巨大影響，適用於研究、新藥開發、臨床試驗等多方面。而且，人工智慧對機器人產業的發展作出貢獻。完全自動化的機器人可與周圍環境互動。在此過程中，深度學習、機器學習等方面獲得決定性的幫助。因此，機器人需求的增加將帶動今後人工智慧市場的發展。

從地區來看，Google、微軟、IBM、蘋果位於北美，北美地區正在主導人工智慧的開發。以為發展人工智慧的政府支援，以及為各種應用的技術研究開發投資加碼為基礎，這裡掌握著全球的主導權。北美地區存在領先的汽車和製藥公司，它們在產品製造中創造出人工智慧的需求。此外，該地區發展的資訊科技和通訊基礎設施，亦有助於人工智慧市場的發展。

在亞洲地區，看起來人工智慧也將呈現出高成長率。中國和印度是主要產業的工廠存在地，所以在物流、倉儲、汽車、醫療保健領域，人工智慧的

應用與日俱增。在這些地區，家電產品的龐大需求也是人工智慧需求升溫的背景。

人工智慧的專家依然不足。不過，人數有持續增加的趨勢。雖然人工智慧為人類帶來正面實惠，但損害也逐漸升高，已出現自動駕駛車輛的事故、網路安全問題發生、資訊侵害等副作用。完全依賴人工智慧來作決定，也會發生失誤，且人類的偏見反映在學習上，從而出現歧視等副作用。因此，現在也出現了「阿西洛馬人工智慧原則」Asilomar AI Principles 之類的規範，要求國家和企業間明訂其透明性和責任所在。

目前主導人工智慧領域的代表公司有英特爾、微軟、IBM、Google、亞馬遜、百度、輝達、H2O.ai.、Lifegraph、Sensely、Enlitic、AiCure、Hyper Verge、安謀等。以 2019 年為基準，人工智慧相關專利有微軟 18,350 件、IBM 15,046 件、三星 11,243 件、高通 10,178 件、Google9,536 件等。IBM、微軟、三星、Google 也在 2021 年展現強勢，申請專利。自 2014

年以來，美國的專利申請成長 54％。

微軟的 AI

　　微軟以 Windows 作業系統聞名，現正秉持以人為先的基本倫理原則，努力開發人工智慧。微軟制定「負責任的人工智慧標準」，進行人工智慧影響評估，致力於提升透明性。微軟正在發展「規模化人工智慧」，有組織地連結硬體、軟體、網路和訓練模式。基本提供 Azure AI 平台，Microsoft 365 則運用人工智慧，進行使用和設計。將 Excel 程式的地圖和圖表視覺化，協助整理收件匣。此外，它也支援製造業的自動化，旨在提升商品品質，提高與實現生產效益。

　　微軟集中的領域為製造、政府、能源、金融服務、醫療保健和零售部門。製造部門致力

於提升生產和物流效率，生產可持續高效、創新的產品與服務。台灣企業華碩 AI 研發中心透過微軟的人工智慧深度學習功能，開發出能夠發現與防止潛在安全危險的解決方案。而且，許多政府機關使用微軟人工智慧，使系統更順暢，防止詐騙，與市民連結，促進市民參與。智慧城市就是代表性的例子。

微軟還企圖為太陽能、風力、天然氣和原油生產企業、充電站等提供更好的解決方案。藉由雲端服務 Azure，制定以永續未來為理念的聰明能源政策，協助系統自動化。在包括保險產業的金融領域也協助保護資料隱私，提供有用的個別化服務。人工智慧在解決全球醫療保健問題上也扮演重要角色，在開發藥物時提供新的模式，俾有助於病人與工作人員的照顧和管理。

2022 年第 2 季，生產力與業務流程部門

的銷售額上達 166 億美元。在 Office 商品和雲端服務領域，銷售額成長 9%。Office 365 的銷售額增加 15%，訂閱人數上升至 5,970 萬名。與人工智慧特別相關的智慧雲端銷售額為 209 億美元，成長 20%。僅雲端服務 Azure 的銷售額就增加 40%。

Google 負責任的 AI

「Google AI」是 2017 年在執行長桑達爾・皮蔡 Sundar Pichai 的指示下成立，成為 Google 的一個部門。Google AI 旨在將世界資訊組織化，使其變得唾手可得且有用。無論人們搜尋照片、進行翻譯、撰寫電子郵件，都可與 Google 助理一起作業，讓生活變得更容易，對於健康和科學發展等現有問題，也能提供重新檢視的觀點。

顧慮到人工智慧帶來的不利損害，Google

致力於開發有益社會的負責任人工智慧，樹立的原則包括消除不公平的偏見、以安全為優先考量、對人們負責、保護私生活等。

為了開發機器學習軟體，Google AI 提供以雲端為基礎的張量處理器和軟體 Tensor-Flow。張量處理器研究雲端可以協助研究機器學習的研究人員免費存取雲端張量處理器。Magenta 是參與深度學習的團隊，發表專為藝術家和音樂家規劃的開放原始碼計畫。還有，Google AI 曾經開發出 54 量子位元處理器 Sycamore 和神經語言模型 LaMBDA。

GPU 與輝達的 AI

我們知道，最近高速成長的半導體企業輝達的 GPU（Graphics Processing Unit；圖形處理器），在人工智慧處理上比現有的 CPU（Central Processing Unit；中央處理

器）更有效率。

輝達資料中心量產人工智慧專用的超級電腦 DGX 系統。它提供以人工智慧為基礎的分析，內含性能結合 32 顆 CPU 的 V100 Tensor Core。輝達在雲端領域提供 NVIDIA GPU Cloud [NGC]，協助開發與訓練神經網路模型。輝達也開發專為自動駕駛設計的人工智慧汽車電腦，Drive PX2 即屬於此，且正與奧迪、賓士、Nio 等汽車公司合作。NVIDIA Jetson 則輔助訓練機器人和無人機等智慧機器。

英特爾的 AI

製造 CPU、GPU 等系統半導體的英特爾，以促進更多創新者、在更多地方、更廣泛使用人工智慧和資料科學為目標。Meta、亞馬遜網路服務、輝達等數千家公司正在利用英特爾的人工智慧技術，開發人工智慧，致力於將概

念快速發展成真實世界的規模，將成本與風險降至最低。英特爾的資料中心與 AI 事業群在 2022 年第 2 季創下 46 億美元的銷售實績紀錄。搜尋引擎 Bing 也利用人工智慧，使搜尋功能更有效率。

電動車與自動駕駛

　　為保護環境和發展永續能源，電動車因此生產問世。電動車雖有逾百年的歷史，但由於受到燃料費低廉、大量生產成功的內燃機汽油車拖累，長期以來未能取得重大成功。實用電動車的始祖為通用汽車的 EV1，充電一次可行駛約 128 公里，在 7 秒內時速可達約 80 公里。然而，由於生產成本過高，2001 年停止生產。

　　2000 年，豐田推出世界首款量產型混合動力車 Prius。這是同時使用電力和汽油的車款。從 2012 年到 2017 年，我也是開 Prius。我覺得防止環境污染

很有意義，又可以大幅節省油錢，所以當時用得很滿意。此後，在 2006 年，矽谷新創公司特斯拉生產推出充電一次可行駛達約 320 公里的高級電動車。雪佛蘭和日產也在 2010 年推出 Bolt 和 Leaf。截至 2020 年，全球電動車市場的規模成長達 1,630 億美元，在美國國內的占有率高達 4.2％。預計到 2030 年，電動車市場將成長至 8,237 億美元的規模。預計年均成長率為 18.2％。代表企業有特斯拉、路西德 Lucid、福斯、通用、福特、現代、Nio 等。

不同於第一代電動車的是，第二代電動車開始安裝自動駕駛軟體。也曾在韓國熱播的《霹靂遊俠》Knight Rider，影集中的霹靂車「夥計」現已不僅僅存在影片裡。搭載人工智慧的汽車，可透過語音辨識功能與駕駛人對話，自動從停車場來接駕駛人，載他到想去的地方。

自動駕駛方面，以特斯拉和 Google 的 Waymo 為代表，還有與現代 IONIQ 5 和 Lyft 等合作的 Motional、打造配送貨車的 Refraction AI 和

AutoX、到地形不利處也能自動駕駛的 Optimus Ride、開發地面無人自動駕駛的 Zoox、夢想等級 5 完全自動駕駛 [22] 且在複雜交通狀況下也能行駛的 nuTonomy、可與行人對話的 Drive.ai 等。內燃機車也可以配裝自動駕駛功能，但電動車結合自動駕駛，成為引領第四次工業革命的主角。Google、IBM、輝達、特斯拉等大型企業和中小企業都投入該市場。自動駕駛汽車有的以攝影相機為基礎，有的使用光達 Light Detection and Ranging；LiDAR 技術。光達技術是將雷射微光發射到物體表面，再測量返回的時間。如果 360 度發射雷射光，就可以 3D 圖像具體構現周圍環境，掌握精確位置。一般我們所知的雷達 RADAR 是使用電波（收音機）。

　　自動駕駛功能利用人工智慧分析大數據，所以難以要求它做出準確決定。最大的障礙是政府的限

22　譯註：美國汽車工程師協會（Society of Automotive Engineers；SAE）將自動駕駛系統分成 5 種等級：等級 1 為輔助駕駛、等級 2 為部分自動、等級 3 為有條件自動、等級 4 為高度自動、等級 5 為完全自動。

制和各種訴訟可能性。高速公路交通安全管理局等美國政府部門為限制自動駕駛和人工智慧，正在多方面進行調查。截至 2022 年 6 月，12 個月內發生 400 多起事故。其中，生產最多自動駕駛車輛的特斯拉創下 273 起的記錄。

　　自動駕駛車輛根本上會陷入「電車困境」。這是行駛中列車的煞車裝置發生故障，但可以改變軌道的狀況。此時，決定犧牲哪條路線上的什麼人，就是電車困境。自動駕駛功能基本上需要由人編寫程式才能運作，車子發生問題時，將會陷入難題，得決定要犧牲正在過馬路的人，還是犧牲走在人行道上的人。當然，一個人都沒有的話就沒關係，但選擇的瞬間必然會到來。走在人行道上的人，可能是拄著枴杖的老人，也可能是推著嬰兒車的母親。原本，所有選擇都由個別駕駛人決定，如果發生問題，由駕駛人負起責任。然而，自動駕駛的責任主體，由於轉移到製造汽車、提供自動駕駛服務的企業，所以問題嚴重。特斯拉經營保險公司，雖然有

便利資本流通的理由，但也顯示出想要解決這類問題的意圖。

焦點 ｜ 美國企業

特斯拉（Tesla）

美股交易代號：TSLA（NASDAQ）

　　特斯拉是最具代表性的自動駕駛電動車企業。特斯拉位於德州奧斯汀，從事電動車的設計、開發、製造、銷售和租賃。特斯拉也開發與製造生產和儲存能源的系統，提供必要服務。特斯拉大致可分為汽車領域和能源生產暨儲存領域。汽車領域享有內燃機限制免除優惠，從事電動車的設計、開發、製造、銷售、租賃。能源生產暨儲存領域，則從事太陽能的生產，以及儲能產品與相關服務的安裝、銷售、租賃。此外，特斯拉也附帶從事汽車相關保險業，還有開發 Optimus 機器人。

　　關於新一代電動車的生產，特斯拉在加州、德州、上海、柏林設有可以生產 150 萬至 200 萬輛的超級工廠，目前加州和上海工廠的運作滿載。生產的車款有 Model 3、Model Y、Model X 和 Model S，其中 Model 3 和 Model Y 的銷售量最大。截至 2022 年 8 月，已生產約 300 萬輛車。

　　特斯拉預訂在 2022 年末首度生產電動卡車 Semitruck，2023 年推出 Cybertruck。此外，特斯拉可自選安裝進入自動駕駛等級 3 的全自動輔助駕駛 Full Self Driving；FSD 軟體，透過以攝影相機為基礎的人工智慧大數據分析，提供自動駕駛服務。2021 年，銷售額創下 538 億美元的紀錄，截至 2022 年第 2 季，過去 12 個月的銷售額為 671 億美元。2015 年原為 40 億美元的銷售額，歷經急劇成長。淨收益創下 95.16 億美元的紀錄。2021 年的

每股盈餘為 5.60 美元，截至 2022 年第 2 季之前的 12 個月內，創下 9.33 美元的紀錄。預計 2022 年的每股盈餘為 12.46 美元，2023 年為 16.92 美元，2024 年為 20.63 美元，2025 年為 21.14 美元。目前尚未配息。截至 2022 年 8 月，本益比為 93.83，高於汽車業界的平均值 12.20。不過，銷售成長率為 60.45％，每股盈餘成長率為 338.77％，預計今後 5 年內將增加 44.63％。毛利率為 27.10％，營業剩餘現金流也在過去 12 個月內創下 140 億美元的紀錄。

Waymo 的等級 4 自動駕駛

Google 的子公司 Waymo 位於加州山景城，最初原為 2009 年的 Google 自動駕駛汽車計畫，2016 年取現名 Waymo。Waymo

目前在亞利桑那州鳳凰城經營自動駕駛計程車服務，自 2020 年 10 月開始服務一般大眾。當時是為了防止安全事故的唯一無司機計程車服務。2021 年起在舊金山測試，2022 年開始提供無司機的服務。

Waymo Via 成立於 2020 年，是 Waymo 的貨運部門，將自動駕駛擴展至商用配送服務。2020 年 1 月，與代表性的美國快遞企業聯合包裹 United Parcel Service；UPS 一起營運試行計畫；2020 年 7 月開始與斯泰蘭蒂斯一同開發自動駕駛等級 4 的 Ram ProMaster 配送車。

自 2017 年起，Waymo 開始使用自主開發的光達，打造虛擬世界 Carcraft，讓 25,000 輛自動駕駛汽車得以行駛在德州奧斯汀、加州山景城、亞利桑那州鳳凰城等城市。2018 年在虛擬世界行駛的里程數達約 80 億

公里。Waymo目前安裝在豐田Prius、奧迪TT、克萊斯勒Pacifica、凌志RX450h車款上，且與斯泰蘭蒂斯、賓士、來福車、安維斯、英特爾、Jaguar、荒原路華 Land Rover、Volvo等合作。

雲端平台

雲端 Cloud 是第四次工業革命的代表產業之一。Cloud 有雲的意思，自 1993 年起開始使用為現在的意思。即使沒有現有的桌上型電腦或筆記本電腦，雲端協助隨時都可以在線上使用資料儲存 Data storage 和計算能力 Computing power。

線上作業與儲存允許一次在不同地作連貫一致的儲存，儲存之處稱為資料中心。使用過微軟 Office365 或雲端硬碟 Google Drive 的人應該都知道，在有網路的地方，可以隨時打開雲端儲存的文件，利用 Word、Excel、PowerPoint 等微軟程式進

行作業，藉由電子郵件發送給他人，或者透過連結與人共享。此外，多人可以隨時隨地一起存取同一文件，同時進行編輯。Dropbox、Box、OneDrive 等也很常用。

我的情形是，在工作場合正式使用微軟的 Office365，個人則使用 Google Drive 和 Dropbox。Google Drive 和 Dropbox 在一定容量內免費提供雲端服務。使用大容量時，每月或每年必須支付一定的訂閱費才能使用。即使沒有個人電腦或可攜式儲存裝置，只要連上網路，隨時可以存取已儲存的資料，所以非常便利且安全。雖然也可以虛擬化或自動化，但即使個人不懂電腦或資訊科技領域的技術和語言，雲端也能幫助個人輕易可在線上進行電腦作業。

2002 年，為了協助創新企業，亞馬遜成立亞馬遜網路服務；2008 年，Google 開發了可在雲端直接使用應用程式的 Google App Engine；同年，美國太空總署推出 Nebula，透過開放原始碼的方式，

讓任何人都可以免費使用雲端。2010 年，微軟推出 Azure；2011 年，IBM 宣布智慧雲 SmartCloud。2012 年，甲骨文 Oracle 發表 Oracle Cloud，這是可以一次存取包括應用程式 SaaS、平台 PaaS、基礎設施 IaaS 在內的資訊科技領域多元解決方案。

截至 2022 年，全球雲端運算市場規模達 4,453 億美元。預計年均成長率達 16.3％，迄 2026 年將擴大到 9,473 億美元的規模。截至 2022 年第 2 季，雲端基礎設施即服務市場中，亞馬遜占 34％，微軟占 21％，Google 占 10％，排名前三位的企業占 60％以上。緊隨其後的是中國的阿里巴巴（5％）、IBM（4％）、賽富時 Salesforce（3％）、中國的騰訊（3％）、甲骨文（2％）等企業，合計占 35％。雲端軟體即服務 Software as a Service；SaaS 市場則主要為微軟、賽富時、Adobe 所占據。

焦點 | 美國企業

微軟（Microsoft）

美股交易代號：MSFT（NASDAQ）

1975 年成立於華盛頓州的微軟，展開軟體、服務、平台、內容、解決方案支援和諮詢等多元事業，提供以雲端為基礎的解決方案。此外，微軟也提供線上廣告。產品有 Windows 等作業系統、與產品兼容的應用程式、伺服器應用程式、商業解決方案應用程式、桌上型電腦與伺服器營運管理裝置、軟體開發裝置和電動遊戲。微軟還開發和銷售個人電腦、平板電腦、遊戲與娛樂控制台、配件等。

截至 2022 年第 2 季，生產性提升商業部門的銷售額增加 13%，達 166 億美元。電腦產品和雲端服務部門的銷售額增加 9%，訂閱人數增至 597 萬名。包括 Azure 在內之智慧雲端的銷售額為 209 億美元，增長 20%。個人

電腦事業為 144 億美元，增長 2%，主力商品 Windows、Xbox、廣告等皆包括在內。在第 2 季結束的 2022 會計年度，銷售額為 1,983 億美元，比前年同期增長 18%，淨收益為 727 億美元，比前年同期增長 19%。每股盈餘為 9.21 美元，比前年同期增長 16%。預測 2023 年的每股盈餘為 10.22 美元，2024 年為 11.98 美元，2025 年為 14.18 美元，每年成長 10%以上。股息為 0.85%，按季（3 月、6 月、9 月、12 月）支付。截至 2022 年 8 月，本益比為 31.82，高於同業平均值 19.30，但銷售額的成長率高達 17.96%，EBITDA 也的成長率也高達 21.24%。毛利率為 68.4%，股東權益報酬率為 47.15%。

擴增實境

　　擴增實境 Augmented Reality；AR 意指透過電腦，擴增與現實世界的互動。這是與電影《駭客任務》^{Matrix} 內容類似的概念。擴增實境有助於提升人類的視覺、聽覺、觸覺、神經網絡、嗅覺等，擴大適用範圍。透過 5G 高速網路的發展，讓人可在實際的世界體現虛擬實境，即使是空間上距離遙遠的人也彷彿置身同一地方一樣。一個人坐在餐椅前時，如果戴上擴增實境眼鏡，會像其他人一起坐在餐桌前一般出現全像圖 hologram。可以和他對話，也可以感受觸感。泰國一名醫生戴上擴增實境眼鏡，便

可在美國專業醫師的協助下進行手術。我們的想像空間與現實之牆正在坍塌。

2016 年，我與內人一起在波士頓一帶東奔西跑玩的遊戲《寶可夢 GO》，也是一種擴增實境。融合現實與虛擬實境的沉浸式擴增實境，是自 1990 年代初起由美國空軍開發。後來開始活絡應用在娛樂和遊戲領域，又逐漸延伸到教育、通訊、醫學領域。抬頭顯示器 Heads-up display；HUD 是向頭部前方顯示虛擬實境的裝置，在游泳時可以看到速度、水深和影像；無人機飛經的所見之處，也可以具體呈現在眼前。慢跑時，可以視覺告知速度和距離；開車時，也可以將速度和危險信號傳達至汽車前方。

擴增實境技術可分為資訊輸入、處理和具體實現三個部分。也就是說，可以分為透過聲音／肢體動作／透過感測器的感知等輸入資訊的硬體要素、像電腦主機一樣處理資訊的處理器，以及透過螢幕或全像圖具體實現的顯示器。執行這一切的平台可以是戴在身上的眼鏡、手持器具、智慧型手

錶、智慧型手機或汽車。如耳機般的頭戴式顯示器
Head-mounted display；HMD[23]，可以在頭部前方具
體實現移動或聲音等資訊。戴眼鏡或頭盔時，資訊
會出現在眼前、眼鏡或頭盔玻璃上。在眼前有點距
離呈現的抬頭顯示器，係自 1950 年代起為飛行員所
開發，可以顯示圖像和多種資料。最近還有開發一
種仿生隱形眼鏡 Bionic contact lenses，1999 年史蒂
夫・曼恩 Steve Mann 首度申請專利。

　擴增實境市場，預計將從 2020 年的 41 億美元
成長至 2028 年的 977 億美元，年成長率為 48.6％。
代表企業有微軟、Google、蘋果、三星、Vuzix 等。
預計截至 2026 年為止，蘋果手錶等穿戴式裝置市
場將從目前的 279 億美元擴大到 740 億美元，呈現
每年成長率為 17.65％。代表企業有 Meta、微軟、
Google、輝達、蘋果等。

23　譯註：頭戴式顯示器也常稱為 AR/VR 耳機。

焦點 ｜ 美國企業

Vuzix

美股交易代號：VUZI（NASDAQ）

　　Vuzix 成立於 1997 年，總部位於紐約州西亨利耶塔，是一家擁有 108 名員工的中小企業。Vuzix 是設計、製造、銷售擴增實境穿戴式 Wearable 眼鏡等產品的企業。向北美、亞太、歐洲等地供貨，主要向企業和醫療機構銷售 M300XL、M400、M4000 等智慧型眼鏡，向一般消費者銷售 Vuzix Blade 智慧型眼鏡，也提供光學產品和工程解決方案等。

　　截至 2022 年 8 月，銷售額為 1,180 萬美元左右，但研究開發成本支出 1,280 萬美元，處於虧損狀態。淨收益為 -4,250 萬美元。每股盈餘為 -0.67 美元，赤字幅度正在逐漸減少，預計 2023 年為 -0.60 美元。每股營收為 0.67 美元。估值方面，股價營收比為 44.62，高於

同業的 0.93，股價淨值比為 4.04，高於
同業平均值 2.25。2022 年，由於供應鏈
問題和歐洲、亞洲市場惡化，銷售成長紀
錄為 -14.45％，但展望今後的年成長率為
19.45％。此外，預計每股盈餘在未來 5 年內
將成長 20％。毛利率為 15.68％，現金及現金
等值物總額為 1 億美元，屬於偏多的水準，可
支撐 2 年以上。

虛擬實境與元宇宙

　　一般人會混淆使用擴增實境和虛擬實境 Virtual Reality；VR，但嚴格來說，兩者是不一樣的概念。虛擬實境，可以說是與現實世界分離的數位世界，像電影《阿凡達》之類的一種元宇宙世界。1998 年在韓國時，我曾經沉迷其中的《星海爭霸》和《暗黑破壞神》等遊戲世界，可以說是一種虛擬實境。在線上遊戲中相遇對話，一起在地圖上遊走探險，擊退怪物，這些都是在虛擬空間裡發生的事。2007 年唸資訊科技碩士班時，曾經使用過《第二人生》Second Life 線上程式。通過該程式，人們在數位世界

的特定空間見面，利用線上化身進行對話。2007 年
推出的 Google 街景，也是一種虛擬實境。

　　虛擬實境是電腦生成的環境，周圍環繞看起來
像實物一樣的場面與事物，讓人感覺像真的一樣。
目前用於遊戲、電影娛樂、教育、軍事、醫療等模
擬訓練、會議等業務。虛擬實境的入口有電腦、智
慧型手機、頭戴式顯示器等各式各樣，使用頭戴式
顯示器時，視覺、聽覺、觸覺都能良好體現，讓人
陷入距離現實世界更遙遠的其他世界。截至 2022
年，頭戴式顯示器使用 OLED 和 LCD，具體實現
3D 虛擬世界。感知到走路、搖晃手臂、身體移動
時，不僅位置、轉動，連震動和溫度等觸覺都能體
現。

　　2010 年代可謂是新一代虛擬實境的時期。2010
年帕爾默・拉奇 Palmer Luckey 開發的 Oculus Rift 可
視為頭戴式顯示器的始祖。2014 年，臉書以 30 億
美元收購歐酷拉 OculusVR。2013 年，Valve 推出更
高階的頭戴式顯示器，2015 年與宏達電 HTC 一起

發表可以掌握動作的 HTC 頭戴式顯示器和控制器。
2014 年，索尼發表專為電子遊戲機 PlayStation 設計
的夢神計畫 Project Morpheus；2015 年，Google 發
表可以安裝在智慧型手機上的「Google Cardboard」
觀影盒。截至 2016 年為止，投入虛擬實境的企業
增加至約 240 家，包括亞馬遜、蘋果、Meta、Goo-
gle、微軟、索尼、三星等。後來，宏達電、Meta、
Valve 開發出可以感受到移動、乃至觸覺的沉浸式
頭戴式顯示器和控制器，且正在持續開發 3D 滑鼠、
特殊手套、運動控制器、光學追蹤器等。

　　代表性的虛擬實境平台和應用程式有 Meta
Horizon、Jaunt VR、Sinespace、AltspaceVR、Goo-
gle Earth、YouTube VR、機器磚塊 Roblox 等。此
外，目前也開發出建築、產業設計、環境保護、醫
療保健產業、數位行銷、教育訓練、工程、機器
人、電影、音樂、聯誼、人類學、社會科學等領域
的各式各樣相關應用程式和平台。

　　雖然虛擬實境市場規模較小，截至 2022 年 8 月

為 284.2 億美元，但預計到 2030 年將達到 870 億美元，每年成長 15％。代表企業有 Meta、微軟、字母控股、蘋果、三星等。截至 2021 年第 1 季，在虛擬實境頭戴式顯示器市場上，歐酷拉以 75％的占有率遙遙領先，DPVR 占 6％，索尼占 5％，其他占 14％。

半導體

　　半導體可謂是第四次工業革命的基礎。以 2021 年為基準，其全球市場規模達到 4,522 億美元，預計迄 2028 年將擴至 8,031 億美元，年均成長率達 8.6%。代表企業有輝達、超微半導體、高通、三星、美光科技、台積電、艾司摩爾等。尤其，關於第四次工業革命，GPU 備受關注。與 CPU 相比，GPU 可以同時處理多類型的資料，對於必須快速處理複雜、非結構化資訊的深度學習來說，GPU 非常有用，且適合自動駕駛或機器人的開發。目前 GPU 市場的規模為 250 億美元，預計到 2023 年將成長

至 280 億美元、2024 年成長至 320 億美元、2025 年成長至 350 億美元的規模。截至 2022 年，個人電腦（PC）部門的 GPU 占有率為英特爾 60％、輝達 21％、超微半導體 19％，但在資料中心、加密貨幣挖掘、超級電腦等加持下，全世界 GPU 市場則為輝達占 80％、超微半導體占 20％。亞馬遜、Google、IBM、微軟、特斯拉等利用雲端和資料中心、自動駕駛、機器人之處，即使用輝達的 GPU。其輔助大致可分為電腦、雲端、資料中心的訓練，以及所謂推理的實際應用和預測決定。

焦點 ｜ 美國企業

輝達（NVIDIA）

美股交易代號：NVDA（NASDAQ）

輝達不斷發展運用於科學計算（Scientific computing）、人工智慧、資料科學（Data science）、自動駕駛（Autonomous vehicles）、

機器人學（Robotics）、和擴增／虛擬實境平台的 GPU 技術。輝達專注在兩大領域，一是遊戲和電腦專用的 GeForce GPU 等圖形處理領域、GeForce Now 等遊戲串流服務與相關基礎設施，以及專為遊戲平台設計的解決方案與工作站（Workstation）圖形處理。二是電腦和網路領域，包括人工智慧、高性能／超高速計算的資料中心平台和系統、Mellanox 網路、互連的解決方案、加密貨幣挖掘處理器（Cryptocurrency mining processors）的開發。

截至 2022 年 8 月，銷售額達 295 億美元，淨收益創下 94.5 億美元的紀錄。截至 2022 年 8 月，每股盈餘為 3.78 美元。雖然 2023 年將減至 3.74 美元，但預計 2024 年為 5.56 美元、2025 年為 6.56 美元、2026 年為 8.15 美元，年成長 20%以上。股息為 0.09%，按季（1 月、

4 月、7 月、11 月）支付。截至 2022 年 8 月，本益比為 36.50，高於同業平均值 18.79。銷售成長率為 53.41％，高於同業平均值 18.47％，今後的成長率也預計為 29.16％。展望每股盈餘在 5 年內將成長 20％以上。毛利潤率為 65.26％，股東權益報酬率高達 41.95％。

機器人

　　機器人是第四次工業革命不可或缺的一環。雖然從小在卡通裡接觸到無敵鐵金剛、機器人跆拳V、美甘達機器人 Mechander V 等眾多機器人，但產業用以外的機器人開始進入我們的生活中，則是最近的事。2016 年，波士頓動力公司 Boston Dynamics 展示其機器狗 Spot 和像人一樣走路、開門、搬東西的人形機器人 Atlas。2017 年，在舊金山由機器人經營的咖啡廳 Café X 亮相；2020 年，在紐約餐廳中，名為 BellaBot 的機器人開始送餐。醫院手術室裡，直覺手術 Intuitive Surgical 的達文西 Da

Vinci 機器人正在進行手術。

　　機器人在斯拉夫語中是「勞動」Labor 之意。被稱為機器人的電動機器人，原由英國威廉・格雷・沃爾特 William Grey Walter 在 1948 年開發出來。經數位化、可放入程式的機器人，則由 Unimation 公司的喬治・德沃爾 George Devol 在 1954 年開發出來。1961 年，通用汽車在紐澤西使用該機器人來接合從熔爐中撈出的熱鐵片。機器人一直協助人類無法做的危險工作或反覆性工作，在海洋和太空等人類無法工作的環境中取代人類的勞動。

　　實際上，無人類操縱的人工智慧機器人，不久之前才開始像人類一樣動作。輸入程式以後，機器人可以像人類一樣動作和執行自動化功能，協助勞動。從功能來看，可以分為類似本田的 ASIMO 或特斯拉正在開發的 Optimus 之人形機器人 Humanoid、產業

用機器人[24]、手術用機器人、輔助機器人、治療機器人、無人機、奈米機器人、軍用機器人、礦產機器人等。自動駕駛汽車也可以視為一種機器人。機器人產業區分設計、製造、營運、程式、電腦系統、感測器等。現在還搭載人工智慧。

截至 2021 年，全球機器人市場的規模估計達 417 億美元。預計每年成長 11.8％，迄 2028 年將增至 814 億美元。日本、中國、印度等國正在加速自動化，引領全球的機器人市場。北美市場也有望獲得相當發展，特別看好美國的高度產業需求。最近，產業用機器人市場正在大幅成長，隨著智慧型生產體制的採納而進一步擴大。在餐食業方面也有進展，工作場所經常使用，研究開發投資也在增

---

24 傳統產業用 Traditional Industrial 機器人、關節型 Articulated 機器人、水平關節型 SCARA 機器人、平行 Parallel 機器人、並聯式 Delta 機器人、直角坐標型 Cartesian 機器人、線性 Linear 機器人、移程 Gantry 機器人、筒狀 Cylindrical 機器人、球型 Spherical 機器人、擺臂 Swing-arm 機器人、協作型 Collaborative 機器人等）

加。在智慧型工廠和產業用機器人的發展之下，產業全面發生變化，所謂的協作型機器人（Cobot）和人工智慧機器人等正在發展，引領著第四次工業革命。

　　代表企業有瑞士的 ABB、史陶比爾 Stäubli、F&P Robotics；日本的發那科 FANUC、安川電機 YASKAWA、三菱電機 Mitsubishi、川崎重工業 Kawasaki、電裝 Denso、那智不二越 NACHI-FUJIKOSHI、精工愛普生 Seiko Epson；德國的庫卡 KUKA、杜爾 Dürr、B+M SURFACE SYSTEMS、Rethink Robotics、Franka Emika、博世力士樂 Bosch Rexroth；丹麥的優傲 Universal Robots；義大利的柯馬 Comau；美國的 ICR Services、RobotWorx；荷蘭的 IRS Robotics；收購波士頓動力公司的韓國現代機器人 Hyundai Robotics；中國的新松機器人 Siasun Robotics、普渡機器人 Pudu Robotics；台灣的達明機器人 Techman Robot 等。

焦點｜美國企業

直覺手術（Intuitive Surgical）

美股交易代號：ISRG（NASDAQ）

　　直覺手術是製造外科手術用機器人的代表性公司，位在加州森尼韋爾（Sunnyvale），成立於 1995 年。直覺手術致力於提高包括美國在內的全球醫療服務品質，開發、製造、銷售微創（Minimally invasive；將切口最小化）手術用產品。代表商品達文西手術系統以最小侵入性輔助複雜手術的進行，Ion 腔內系統以最小侵入性輔助肺部組織檢查的進行。而且，直覺手術支援這類系統的安裝、修理、訓練、維護，透過綜合數位系統提供綜合的連結服務。

　　截至 2022 年，僱用人數為 9,793 人。預計 2022 年銷售額為 62.2 億美元，2023 年為 70 億美元，2024 年為 79.9 億美元。截至

2022 年 8 月，淨收益創下 14.34 億美元的紀錄。截至 2022 年 8 月，每股盈餘為 4.63 美元，預計 2023 年為 5.48 美元，2024 年為 6.47 美元。預計 3 年內銷售額年均增長 13.86%，3 年內每股盈餘增長 10.36%。毛利率為 68.16%，總現金持有 44.5 億美元。目前機構持有 84.54% 的股份。本益比為 47.22，高於同業平均值 19.74，股東權益報酬率的成長目前為 -24%。

生物科技

　　住在波士頓時，我有機會與許多在製藥公司工作的韓國博士對話。大部分的製藥公司聚集在麻省理工學院和哈佛大學之間的劍橋，波士頓的麻省總醫院、哈佛醫學院、波士頓兒童醫院附近 128 公路的周邊也有。經濟不景氣時，它們有時會成為解僱數千人的結構調整對象，但是離職員工往往輕易就能在其他製藥公司找到工作。他們大多從事抗癌藥的研究與開發，也有人從事幹細胞和失智藥的開發。

　　第四次工業革命的另一趨勢來自生物科技 ^Bio-technology 領域。它是應用科學的一種，融合生命工

程、分子生物學等科學與技術的發展，謀求醫療保健與製藥領域的發展。最近，DNA 治療、基因編輯製作的藥物、抗病蟲害的農作物、乙醇等生物燃料 Biofuel、基因複製等備受矚目。

　　生技公司用活的有機體開發藥物，製藥公司用化學方法製作藥物。不過，生技公司和製藥公司有時同時使用有機體和化合物。生技領域的企業有 Exelixis、諾瓦瓦克斯 Novavax、再生元製藥 Regeneron Pharmaceuticals、吉利德科學 Gilead Sciences、安進 Amgen、百健 Biogen、賽基 Celgene、Axsome 等，製藥領域的企業有強生、羅氏 Roche、輝瑞、諾華 Novartis、默克等大企業。中小型企業也很多，它們主要與大企業合力協作。

　　我們知道，生技股是危險的投資地。開發新的治療劑和方法時，研究開發投資與薪資需要龐大的初期營運開銷，歷時長達 10 至 15 年左右。那段時間幾乎沒有銷售額。有的國家甚至乾脆禁止基因轉殖藥物和植物，要獲得美國食品藥品管理局的許

可，也需要長時間和廣泛文件的提交。在開發中的臨床階段，失敗的情況更比比皆是。因此，為了減少風險，建議綜合投資指數股票型基金 ETF。

　　生物股方面，不宜採用典型的估值方法，如本益比或 EBITDA。以成本為基礎的估價方法（例如：將企業價值 EV 除以研究開發成本）進行比較和分析較為適當。適用折現率 Discount rate 的絕對價值方法──折現現金流量 Discounted Cash Flow；DCF，也是不錯的方式。此外，最好能夠確認公司正在開發的產品線規模多大，以及公司是否在開發階段（臨床階段）取得收益。

焦點	美國企業

Intellia

美股交易代號：NTLA（NASDAQ）

　　位在麻省劍橋的 Intellia，成立於 2014 年，率領 485 名職員。如同競爭公司 Crispr

Therapeutics 和 Beam Therapeutics，基因編輯公司 Intellia 利用 CRISPR 基因編輯技術，致力於開發白血病等罕見基因疾病的治療劑。它採用在體內直接編輯與治療基因的體內方式。NTLA-2001 是代表性的治療方法，用於治療澱粉樣蛋白疾病，現在臨床第 1 階段。NTLA-2002 是為了治療阻止血液和淋巴液流動的遺傳性血管性水腫、血友病、癲癇等而開發。體外治療的 NTLA-5001 是為了治療白血病而開發。其他抗癌藥物也在開發中。

截至 2022 年 8 月，銷售額為 4,960 萬美元，預計 2023 年為 4,650 萬美元，2024 年為 5,380 萬美元。截至 2022 年 8 月，持有現金 8 億 7,400 萬美元。企業價值為 34.4 億美元。2022 年第 2 季使用的研究開發成本為 1 億 3,300 萬美元，預計將在 2022 年底公佈新的體內候選藥物。

無人機、太空產業

　　個人用小型無人機翱翔天空的世界到來。電視畫面充斥著以無人機拍攝的影像。從我住在波士頓的時候開始，就出現無人機侵犯私人生活的問題；美國也有在阿富汗以軍用無人機轟炸平民的傳聞。無人機自第二次世界大戰後開始開發，美國和以色列在 1970 年代正式用於中東戰爭和越南戰爭。2022 年的烏克蘭戰爭中，無人機部隊也被充分運用。

　　無人機的正式名稱是無人飛行載具 Unmanned Aerial Vehicle；UAV，可視為無人類駕駛員或機組成員的航行飛機。現在無人機由人在地面遙控。視距外

飛行 Beyond Visual Line Of Sight；BVLOS 的概念意指飛行到人的視野之外。

　　無人飛行載具通常是指軍用無人機，但也包括商用和個人無人機。用於照相攝影、射擊、轟炸、送貨、農業、偵察、基礎設施調查、科學研究、娛樂等。美國國防部還將無人機分為 5 組：重量未滿 20 磅（約 9 公斤）的小型無人機（第 1 組）、重 20 至 55 磅（約 25 公斤）的中型無人機（第 2 組）、重 55 至 1,320 磅（約 599 公斤）的大型無人機（第 3 組）、重 1,320 磅以上且高度未滿 5,486 公尺的更大型無人機（第 4 組），最後是重 1,320 磅以上且高度約 5,486 公尺以上的最大型無人機（第 5 組）。

　　隨著第四次工業革命的發展，現在即使沒有人的介入，無人機也可以在雲端、數位觀測、人工智慧、機器學習、深度學習、溫度感測器等的輔助下自動航行。2020 年，聯合國報告 Kargu2 無人機在利比亞自動獵殺人類的事件，可說是首次的自動飛航「殺手機器人」。美國太空總署也在太空探險中

採用無人機，開發出蜻蜓號 Dragonfly 無人太空飛行器，並且計劃探查土星的衛星泰坦 Titan。

美國軍用無人機企業有波音 Boeing、洛克希德·馬丁 Lockheed Martin、宇航環境 AeroVironment、克拉托斯 Kratos 等。商用與個人無人機市場，目前中國公司表現強勢。以 2018 年為基準，中國無人機公司大疆 DJI 在全世界的占有率為 74%，隨後是法國公司派諾特 Parrot。加拿大商用無人機企業有 Draganfly、Plymouth Rock，美國企業有 AgEagle。美國禁止政府購買中國無人機。截至 2021 年 5 月，在美國聯邦航空總署註冊的無人機有 87 萬 3,576 架。

美國無人機產業方面，2016 年聯邦航空總署向美國國內生產／經營無人機的公司提供數百條新的豁免事項，掀起巨大熱潮。聯邦航空總署許可在保險、建築、農業等領域使用商用無人機。無人機服務市場在 2020 年的規模為 192.3 億美元，預計迄 2025 年將成長至 636 億美元。無人機相關整體市場規模，估計達 1,000 億美元。預計迄 2023 年，送貨

用無人機總計將達 240 萬架。截至 2022 年 8 月，商用無人機市場規模為 81.5 億美元，預計迄 2029 年將達 473.8 億美元，每年成長 28.58%。此外，建設／礦產用無人機將為 283 億美元的市場。

| 焦點 | 美國企業 |

SpaceX

現今太空產業中最熱門的公司，當屬伊隆‧馬斯克 ^{Elon Musk} 經營的 Space X（Space Exploration Technologies Corp.）。目前它還沒有上市。SpaceX 成立於 2002 年，總部設在加州霍桑，從事太空船製造和發射事業、人造衛星通信事業。其目標是減少太空探險、發射／運輸成本，以及定居火星。製造獵鷹 9 號火箭、獵鷹發射體、火箭引擎和可重複使用的太空船、龍飛船 ^{Cargo Dragon}、載人太空船、星鏈 Starlink 通信衛星等。截至 2022

年 7 月，Space X 提供的星鏈已將 2,700 顆小型通信衛星送入 1,100 公里的軌道。在網路不通的沙漠和海洋等不毛之地，如果也能使用網路，特斯拉的自動駕駛汽車就可以自由共享資料，自由行駛。Space X 的巨型太空船「星艦」Starship 是最重型、可發射升空、可重複使用的太空發射系統。預計星艦將取代現有的獵鷹 9 號火箭、獵鷹重型火箭（Falcon Heavy）和龍飛船。驚人的是，星艦將火箭和小型探測器等載入太空後，回到地球可垂直著陸且重複使用。

2022 年 7 月，Space X 又獲得 2 億 5,000 萬美元的投資，到目前為止，總共吸引到 20 億美元。Space X 的資產價值估計在近幾年內將大幅上升，達約 9,950 萬美元。目前，它正與美國太空總署簽訂國際太空站的供應契約，並且協助發射美國太空軍的火箭和導彈。

韓國也與 SpaceX 簽約，內容是自 2022 至 2025 年為止，在 SpaceX 的協助下發射 5 顆人造衛星升空。

★ 結語 ★
人生重來的機會，美股是答案

2022 年 10 月 13 日，藍天下的紐澤西，紅黃橘色楓葉盛放，我正在寫本書的「結語」。今天也唱著〈10 月美好的某一天〉[25]，馳騁在高速公路上，直到學校研究室。能夠這樣坐在研究室裡，回顧經歷的過去與現在，再次思考即將屆臨的未來，我心懷感謝。

聽說今天早晨公布美國消費者物價指數。因此，美國股市從數日前起急劇變動，跌至谷底，人

25　譯註：這首歌是韓國聲樂家男中音金東奎在 2000 年發表的代表作品。

們的恐懼心理達到極點。公布的核心消費者物價指數達 6.6％，高於預期，四處都聽得到人們唉聲嘆氣。聯邦準備理事會以將物價降低 2％左右為目標，預計至今年（2022 年）末，基準利率將上調到 4.75％。基於聯準會的緊縮態度，推測明年（2023 年）仍將處於景氣停滯狀態。10 年期國債利率最終超過 4％，2 年期國債利率也上升到 4.5％。聯準會的緊縮態度，加上美國景氣相對較佳，促使美元價值持續上升，增添全球企業的匯率負擔。缺工的美國勞動市場依然良好，工資上漲，需求不減。而且，新冠疫情引起的供應鏈問題尚未獲得解決，供需不平衡照舊存在。

除了美國之外，全世界也因利率過度調升而陷入停滯。俄烏戰爭看不見結束的跡象，天然氣與糧食價格也隨之上漲，歐洲和亞洲呈現不穩定的財政金融情況。除美國外，英國、義大利、日本、中國、韓國等許多先進國家反而加劇世界市場的不安情緒。雖然中央銀行之間的緊密合作比任何時候都

迫切，但早從 2010 年代後期開始的國家利己主義，使得任何國家都不願意做出犧牲，處於「自身難保」的狀態。

現今的不安情勢，看起來猶如 2018 年由高利率、縮表、美中矛盾導致的不穩定市場。此外，類似 2008 年雷曼兄弟的事態，彷彿在英國、中國等全世界都可能發生。而且，過去一年感覺上也與網路泡沫破滅的 2000 年代初期雷同。但我相信，效率市場將會好好反映這一切，如往昔般再度復甦。觀察過去 20 年的結果是，匯集全球資本的美國股市屢屢克服危機，持續往右上走。雖然也有企業被淘汰，但順利克服危機的企業持續成長，培養出企業的資產價值，股價上揚正反映了這一點。

近十餘年來一直主導美國的技術股和軟體股成為 10 倍股，許多大型績優股引領著美國的市值。它們持續進行研究開發投資，主導著第四次工業革命。它們在矽谷和 128 公路周圍，不斷創立新的成長型企業，研究未來產業，開發新產品，成為全世

界投資者的投資對象。此外，美國在政治、經濟、社會、文化上依然發揮著全球領導力，美國企業仍在第四次工業革命領域主導全世界。而且我認為，此一趨勢在今後 10 年內不會輕易改變。

像華倫・巴菲特之類的投資大師，每年都會遭遇危機的時刻。而且，平均每 10 年就遇上一次大危機的情況。每當此時，他們會購入被低估的股票，從而形成現今的巨大財富。我認為，若是能夠展望未來時局與發展方向，在當前這樣的市場危機情況下，趁具有前景的公司股價下跌時，持續一點一滴地購入，我們也可以像股市大亨一樣取得巨額財富，實現經濟獨立。

最後，在第四次工業革命時代，一起熱忱投入學習美股吧。我相信，挖掘良好企業，策略性地配置資產，有智慧地管理風險，抱持目標，長期忍耐、長期投資，唯有如此才是致富之道。

高寶書版集團
gobooks.com.tw

RI 376
買美股，穩穩賺
高通膨、高利率時代也有10倍股！
美國教授在地詳細情報，抓住未來十年股市大勢
다시 오는 기회, 미국 주식이 답이다:미국 로스쿨 교수가 20년간 미국 주식시장을 관찰하며 깨달은 '10년 후'시장

作　　者　李朱澤（이주택）
譯　　者　賴姵瑜
責任編輯　吳珮旻
封面設計　黃馨儀
內頁排版　趙小芳
企　　劃　鍾惠鈞
版　　權　劉昱昕

發 行 人　朱凱蕾
出　　版　英屬維京群島商高寶國際有限公司台灣分公司
　　　　　Global Group Holdings, Ltd.
地　　址　台北市內湖區洲子街88號3樓
網　　址　gobooks.com.tw
電　　話　（02）27992788
電　　郵　readers@gobooks.com.tw（讀者服務部）
　　　　　pr@gobooks.com.tw（公關諮詢部）
傳　　真　出版部（02）27990909　行銷部（02）27993088
郵政劃撥　19394552
戶　　名　英屬維京群島商高寶國際有限公司台灣分公司
發　　行　英屬維京群島商高寶國際有限公司台灣分公司
初版日期　2023年 07 月

國家圖書館出版品預行編目（CIP）資料

買美股,穩穩賺：高通膨、高利率時代也有10倍股!美國
教授在地詳細情報,抓住未來十年股市大勢 / 李朱澤著;
賴姵瑜譯. -- 初版. --臺北市：英屬維京群島商高寶國際
有限公司臺灣分公司, 2023.07
　面；公分.--（RI；376）
譯自：다시 오는 기회, 미국 주식이 답이다: 미국 로스쿨 교수가
　　　20년간 미국 주식시장을 관찰하며 깨달은 '10년 후' 시장
ISBN 978-986-506-778-6（平裝）

1.CST: 股票投資　2.CST: 證券市場　3.CST: 美國

563.53　　　　　　　　　　　　　　112010370